GESTÃO DE FUNDOS E PREVIDÊNCIA

Nathalia Ellen Silva Bezerra
Milena Barbosa de Melo

GESTÃO DE FUNDOS E PREVIDÊNCIA

Rua Clara Vendramin, 58 :: Mossunguê
CEP 81200-170 :: Curitiba :: PR :: Brasil
Fone: (41) 2106-4170
www.intersaberes.com
editora@intersaberes.com

Conselho editorial
Dr. Ivo José Both (presidente)
Dr. Alexandre Coutinho Pagliarini
Drª. Elena Godoy
Dr. Neri dos Santos
Dr. Ulf Gregor Baranow

Editora-chefe
Lindsay Azambuja

Gerente editorial
Ariadne Nunes Wenger

Assistente editorial
Daniela Viroli Pereira Pinto

Edição de texto
Letra & Língua
Guilherme Conde Moura Pereira
Mycaelle Albuquerque Sales

Capa
Charles L. da Silva (*design*)
Dmi T/Shutterstock (imagem)

Projeto gráfico
Bruno Palma e Silva

Diagramação
Charles L. da Silva

Equipe de *design*
Débora Gipiela
Charles L. da Silva

Iconografia
Regina Claudia Cruz Prestes

Dados Internacionais de Catalogação na Publicação (CIP)
(Câmara Brasileira do Livro, SP, Brasil)

Bezerra, Nathalia Ellen Silva
   Gestão de fundos e previdência / Nathalia Ellen Silva Bezerra, Milena Barbosa de Melo. Curitiba: InterSaberes, 2021.

   Bibliografia.
   ISBN 978-65-89818-91-5

   1. Administração de riscos 2. Fundos de investimento – Brasil 3. Fundos de pensão – Brasil 4. Mercado financeiro 5. Previdência privada – Brasil I. Melo, Milena Barbosa de. II. Título.

21-68622   CDD-332.6

Índices para catálogo sistemático:
1. Fundos de investimentos: Economia   332.6

Cibele Maria Dias – Bibliotecária – CRB-8/9427

1ª edição, 2021.

Foi feito o depósito legal.

Informamos que é de inteira responsabilidade das autoras a emissão de conceitos.

Nenhuma parte desta publicação poderá ser reproduzida por qualquer meio ou forma sem a prévia autorização da Editora InterSaberes.

A violação dos direitos autorais é crime estabelecido na Lei n. 9.610/1998 e punido pelo art. 184 do Código Penal.

sumário

Apresentação 9

Como aproveitar ao máximo este livro 11

Capítulo 1
Fundos de investimento
1.1 Aspectos gerais dos investimentos 18
1.2 O que é investimento e por que investir? 22
1.3 Aspectos gerais sobre o investidor 24
1.4 Breve histórico dos fundos de investimento 28
1.5 Definição de fundos de investimento 33
1.6 Tipos de fundos de investimento 35
1.7 Estrutura dos fundos de investimento 35
1.8 Comissão de Valores Mobiliários 38
1.9 Regulamentação dos fundos de investimento 46

Capítulo 2
Fundos de investimento: classificação, vantagens e desvantagens
2.1 Vantagens e desvantagens dos fundos de investimento 54
2.2 Fundos de renda fixa 64
2.3 Fundos de ações 70

2.4 Fundos multimercados 73
2.5 Fundos cambiais 78
2.6 Fundos de investimento estruturados 80

Capítulo 3
A administração e os fundos de investimentos
3.1 Aspectos gerais da administração 92
3.2 O papel do administrador 96
3.3 Administradores de fundos de investimento 100
3.4 Gestores de fundos de investimentos 107
3.5 Obrigações e vedações relativas a administradores e gestores de fundos de investimento 110
3.6 Instrução CVM n. 558/2015 116
3.7 Como montar um fundo de investimento 117
3.8 Problemas dos fundos de investimento 120

Capítulo 4
Fundos de pensão
4.1 Aspectos gerais da pensão 126
4.2 Introdução aos fundos de pensão 129
4.3 Fundo de pensão: conceito e características gerais 130
4.4 Tipos de fundo de pensão 136
4.5 Fundos de pensão e governança 137
4.6 Vantagens dos fundos de pensão 141
4.7 Gestão de riscos e controle dos fundos de pensão 144
4.8 Funcionamento dos fundos de pensão 151
4.9 Principais fundos de pensão do Brasil 152
4.10 Fundo de pensão e plano de previdência complementar 153

Capítulo 5
Seguridade social e previdência social no Brasil
5.1 Aspectos gerais da seguridade social e da previdência social 160
5.2 Previdência social ao longo do tempo 170
5.3 Principais legislações acerca da previdência social 178
5.4 Distinção entre previdência aberta e previdência fechada 189

Capítulo 6
Previdência privada no Brasil
6.1 Aspectos gerais da previdência privada   198
6.2 Legislação da previdência complementar   202
6.3 Plano Gerador de Benefícios Livres e Vida Gerador de Benefícios Livres   216
6.4 Vantagens dos planos de previdência privada   221
6.5 Funcionamento dos fundos de previdência   223
6.6 Entidades fiscalizadoras e regularizadoras   227

Considerações finais   235
Lista de siglas   237
Referências   239
Bibliografia comentada   249
Sobre as autoras   251

apresentação

Nos seis capítulos desta obra, buscamos elucidar as principais dúvidas acerca da gestão de fundos e previdência. Nossa discussão inicia-se com os temas gerais sobre investimento até chegarmos aos mais específicos. Os investimentos estão cada vez mais em pauta no Brasil, e até mesmo nas redes sociais nos deparamos com diversos anúncios estimulando o público a conhecer e a desvendar os mistérios e os mitos que envolvem o mercado financeiro.

O mercado de ações é considerado, por muitos, uma área complexa em sua totalidade. No entanto, ainda que esse ambiente não alcance todas as pessoas, já existem modalidades em que há certa flexibilidade. Nesse cenário, sobressaem-se os fundos de investimento, uma vez que, de forma superficial, estes são direcionados para pessoas que não têm conhecimentos sobre investimentos e desejam entrar nesse mercado, mesmo sem dispor de dedicação exclusiva para tanto. Assim, as atuações de administradores e gestores mostram-se como uma vantagem importante dos fundos de investimento, visto que essas empresas/profissionais tomam as decisões mais difíceis em relação aos ativos.

Os fundos de previdência estão entre os mais conhecidos e utilizados no Brasil e, quando comparados a outros tipos de investimento, eles apresentam algumas características específicas que lhes atribuem ainda mais vantagens.

Além disso, as temáticas relativas à seguridade social são imprescindíveis para a garantia dos direitos fundamentais à vida humana. Entre os pilares dessa questão, está a previdência social, incumbida de conceder benefícios aos contribuintes que não podem mais desempenhar suas atividades e, consequentemente, não mais dispõem de situação pecuniária para a manutenção das condições básicas de vida.

Nesse sentido, elaboramos esta obra no intuito principal de compartilhar uma série de informações com aqueles que se interessam por essas questões. Assim, a escolha dos conteúdos abordados envolve o compromisso de auxiliar o leitor a ampliar seus conhecimentos sobre a gestão de fundos e a previdência. Desejamos boa sorte e boa jornada na busca por aprendizados e na trilha acadêmica que nos encoraja e nos leva à nossa formação científica.

como aproveitar ao máximo este livro

Empregamos nesta obra recursos que visam enriquecer seu aprendizado, facilitar a compreensão dos conteúdos e tornar a leitura mais dinâmica. Conheça a seguir cada uma dessas ferramentas e saiba de que modo elas estão distribuídas no decorrer deste livro para bem aproveitá-las.

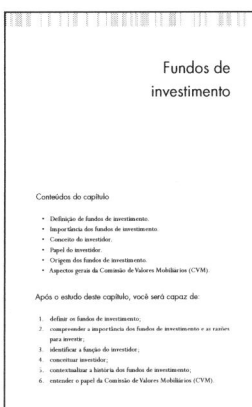

Conteúdos do capítulo
Logo na abertura do capítulo, relacionamos os conteúdos que nele serão abordados.

Após o estudo deste capítulo, você será capaz de:
Antes de iniciarmos nossa abordagem, listamos as habilidades trabalhadas no capítulo e os conhecimentos que você assimilará no decorrer do texto.

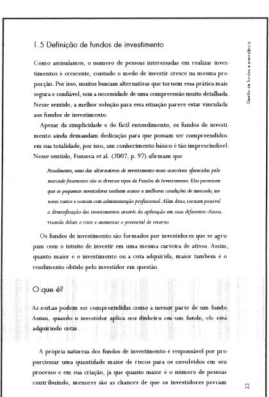

O que é?
Nesta seção, destacamos definições e conceitos elementares para a compreensão dos tópicos do capítulo.

Exemplificando

Disponibilizamos, nesta seção, exemplos para ilustrar conceitos e operações descritos ao longo do capítulo a fim de demonstrar como as noções de análise podem ser aplicadas.

Pergunta & resposta

Nesta seção, respondemos às dúvidas frequentes relacionadas aos conteúdos do capítulo.

Para saber mais

Sugerimos a leitura de diferentes conteúdos digitais e impressos para que você aprofunde sua aprendizagem e siga buscando conhecimento.

Exercício resolvido

Nesta seção, você acompanhará passo a passo a resolução de alguns problemas complexos que envolvem os assuntos trabalhados no capítulo.

Estudo de caso

Nesta seção, relatamos situações reais ou fictícias que articulam a perspectiva teórica e o contexto prático da área de conhecimento ou do campo profissional em foco com o propósito de levá-lo a analisar tais problemáticas e a buscar soluções.

Síntese

Ao final de cada capítulo, relacionamos as principais informações nele abordadas a fim de que você avalie as conclusões a que chegou, confirmando-as ou redefinindo-as.

Bibliografia comentada

Nesta seção, comentamos algumas obras de referência para o estudo dos temas examinados ao longo do livro.

DEEB, T. H. *Os segredos da mente milionária*: aprenda a enriquecer mudando seus conceitos sobre o dinheiro e adotando os hábitos das pessoas bem-sucedidas. Tradução de Pedro Jorgensen Jr. São Paulo: Sextante, 2006.

Ao longo deste livro, abordamos inúmeros detalhes e especificidades sobre os investimentos. Entre a extensa bibliografia que há sobre o tema, destacamos a obra de T. Harv Eker, ideal para o leitor que está iniciando na área.

BELTRÃO, K. I. et al. *Análises da estrutura da previdência privada brasileira*: evolução do aparato legal. Rio de Janeiro, set. 2004. Texto para discussão n. 1.043. Disponível em: <http://repositorio.ipea.gov.br/bitstream/11058/2205/1/TD_1043.pdf>. Acesso em: 7 jul. 2021.

Esse texto elaborado por Beltrão, Leme, Medonça e Sugahara trata do complexo Sistema Previdenciário Brasileiro e suas constantes mudanças, fornecendo um amplo panorama sobre o tema.

BACCI, A. L. F. de S. *Introdução aos fundos de investimento imobiliário*. Brasília: as eu Meio, 2018.

Fundos de investimento

Conteúdos do capítulo

- Definição de fundos de investimento.
- Importância dos fundos de investimento.
- Conceito do investidor.
- Papel do investidor.
- Origem dos fundos de investimento.
- Aspectos gerais da Comissão de Valores Mobiliários (CVM).

Após o estudo deste capítulo, você será capaz de:

1. definir os fundos de investimento;
2. compreender a importância dos fundos de investimento e as razões para investir;
3. identificar a função do investidor;
4. conceituar investidor;
5. contextualizar a história dos fundos de investimento;
6. entender o papel da Comissão de Valores Mobiliários (CVM).

capítulo 1

Vivemos nossas vidas no presente, porém nossos atos sempre influenciam e moldam nosso futuro. Diante disso, precisamos ter uma série de cuidados para garantir um futuro confortável. O meio em que vivemos e as pessoas com as quais nos relacionamos são fatores que impactam nossas jornadas durante a vida, influenciando as pessoas que somos e as experiências que podemos ter.

Desde muito novos, aprendemos que a educação é o caminho para um futuro seguro e estável, pois, por meio dela, conseguimos alcançar nossos objetivos e sonhos, assim como um bom desempenho profissional, o que, por sua vez, acarreta uma série de outras consequências.

Fatores como a vida em sociedade, a política e a economia são fundamentais para a humanidade. Assim, nossa condição financeira também é responsável por determinar muitos dos aspectos de nossa existência. Por isso, precisamos saber lidar com o dinheiro e suas decorrências, não deixando que este domine nossas vidas, porém compreendendo sua importância para a obtenção de condições básicas para uma vivência digna.

O Brasil ainda é um país que enfrenta problemas quando o assunto é educação financeira, pois grande parte de sua população não sabe lidar com o dinheiro nem como realizar corretamente um investimento para mantê-lo e preservá-lo.

Assim, antes de avançar nesse assunto, pare e reflita um pouco sobre as seguintes questões: Você sabe como aplicar seu dinheiro ou como fazer um investimento? Entende a importância de investir? Compreende o que é um fundo de investimento?

Caso suas respostas para essas perguntas sejam negativas, fique tranquilo, pois discutiremos mais sobre esse assunto. Caso você já tenha conhecimentos a respeito do tema, vamos, juntos, ampliar seus horizontes.

1.1 Aspectos gerais dos investimentos

Antes de abordarmos aspectos específicos dos fundos de investimento, é necessário entender o que é investir e os motivos para efetuar um investimento, considerando, ainda, os pontos positivos dessa prática.

O primeiro passo para compreender, de forma completa, os investimentos é conhecer os aspectos básicos a eles inerentes. Nesse sentido, começaremos destacando, a seguir, os principais conceitos aplicáveis na área.

1.1.1 Rentabilidade

A rentabilidade pode ser definida como o ganho conquistado em cima do capital que foi investido. Em regra, costuma ser apresentada por meio de percentuais e é calculada com base na divisão do retorno pelo valor do título. O **cálculo** é importante para determinar qual é o tipo de rentabilidade auferida. Nesse sentido, esta pode ser:

- **Rentabilidade absoluta**: expressa de forma percentual acerca do valor investido.
- **Rentabilidade relativa**: resultado da comparação com a rentabilidade de um índice de referência.

- **Rentabilidade esperada**: obtida por meio da média da **rentabilidade operada**, que, por sua vez, consiste no histórico das rentabilidades.
- **Rentabilidade bruta**: aquela que ainda não teve os impostos descontados de seu valor.
- **Rentabilidade líquida**: é a resultante posterior à retirada dos impostos.

1.1.2 Rendas

Outro fator importante é relativo às rendas, que podem ser divididas em fixas e variáveis:

- **Rendas fixas**: referem-se aos investimentos em que se empresta uma quantia de recursos financeiros com o objetivo de obter em troca os mesmos recursos que foram emprestados. Nesse caso, o acréscimo está atrelado ao acréscimo de juros. Além disso, os resgates ocorrem em datas definidas previamente.
- **Rendas variáveis**: são o oposto das rendas fixas. Isso significa que não apresentam garantias de rentabilidade e que englobam tudo aquilo que não foi enquadrado na renda fixa. Exemplos de rendas variáveis são as ações e as moedas.

As duas modalidades de rendas são afetadas por riscos, que são específicos e característicos de cada uma. Contudo, as rendas variáveis são também afetadas pelos fatores de risco de mercado. Diante disso, o fato de serem ou não rentáveis tem ligação com a questão da volatilidade dos ativos, por isso podem gerar tanto grandes lucros quanto grandes prejuízos.

1.1.3 Grau de risco

Os riscos são consequências presentes em várias esferas da vida, atreladas ou não às questões profissionais. A vida é repleta de momentos em que precisamos fazer escolhas ou em que nos encontramos em dilemas de difícil solução, diante de opções que podem mudá-la para melhor ou pior. Assim, e com base na vivência cotidiana, podemos afirmar que quanto maior é o risco, maiores também são suas consequências e, portanto, a importância da decisão que o implica.

No mercado financeiro, os riscos também estão presentes e se materializam de várias formas e em vários graus, a depender do investimento efetuado. Por isso, antes de aplicar dinheiro, é necessário que o investidor analise os riscos a que está sendo exposto, assim como as consequências que podem decorrer da situação.

O **grau de risco**, a **rentabilidade** e a **liquidez do investimento** compõem os fatores que devem ser observados pelo investidor. Assim, o grau de risco envolve as probabilidades de perda e de ganho na tomada de decisão. Os riscos sempre vão existir, por isso a definição do grau relaciona-se ao nível de incerteza acerca do retorno que um investimento pode trazer. Dessa forma, quanto maior é risco, maior também é o potencial de renda do investimento.

Diante disso, os investidores só aceitam correr riscos altos se conseguirem alcançar o retorno desejado, tal que seus resultados sejam muito positivos. Para isso, suas decisões precisam ser tomadas com base em um pensamento racional, pois, caso contrário, os danos podem ser tão grandes quanto os lucros desejados.

Assim, segundo a Associação Brasileira das Entidades dos Mercados Financeiro e de Capitais (Anbima), os principais riscos de investimento são o risco de mercado; o valor no risco; o risco sistemático; o risco não sistemático; o risco de crédito; e o risco de liquidez. Vamos explicar cada um deles a seguir.

- **Risco de mercado**: trata-se da medida de oscilação dos preços dos ativos financeiros, por isso está associado à noção de volatilidade – quanto maior a volatilidade, maior é o risco do investimento.
- **Valor no risco**: também conhecido pela sigla *VAR*, é utilizado com o intuito de gerir e organizar os riscos de mercado.
- **Risco sistemático**: compreende o perigo de grandes danos ou colapsos perante o sistema financeiro ou o mercado, enfatizando os impactos relacionados ao plano financeiro pessoal.

- **Riscos não sistemáticos**: também denominados *riscos específicos*, são aqueles que fazem menção à ideia de colapso parcial do sistema financeiro, ou seja, situações em que há crises.
- **Riscos de crédito**: referem-se às chances existentes em não recuperar o investimento ou a aplicação efetuada.
- **Risco de liquidez**: refere-se à possibilidade de dado ato não ser liquidado, no prazo adequado, sem que valores sejam perdidos, gerando, em consequência, a perda de alguns capitais. A liquidez está associada à facilidade com que um ativo pode ser convertido ou trocado no meio econômico. Em outras palavras, a liquidez refere-se à capacidade de o ativo ser convertido em dinheiro. Assim, esse tipo de risco trata da possibilidade de perda de capital financeiro no momento de uma conversão.

Exercício resolvido

Mesmo pessoas que não têm conhecimento acerca do mercado de investimentos conseguem identificar de forma facilitada seus riscos, tendo em vista seus desdobramentos e suas imprevisibilidades, bem como a quantidade de mitos e informações inverídicas que são noticiadas sobre esse campo. Diante disso, assinale a alternativa que define corretamente os riscos de mercado:

a. São os riscos responsáveis por abordar os colapsos relativos ao sistema financeiro ou ao mercado, destacando os impactos sofridos pelo plano financeiro pessoal.
b. São os riscos que se relacionam à ideia de um colapso parcial do sistema financeiro, ou seja, abrangem as situações de crise.
c. São os riscos que abordam a medida de oscilação dos preços dos ativos financeiros, por isso estão associados à noção de volatilidade, tal que quanto maior é a volatilidade, maior é o risco do investimento.
d. São os riscos relativos à possibilidade de as propriedades e/ou o dinheiro investidos não serem recuperados.

Gabarito: c

Comentário: Todas as alternativas se referem a tipos de riscos existentes no mercado financeiro. A alternativa *a* faz menção aos riscos sistemáticos, a *b* apresenta os riscos não sistemáticos e a *d* abrange os riscos de crédito. Assim, a alternativa *c* é a correta e deve ser assinalada, já que oferece a definição dos riscos de mercado, como solicitado pelo enunciado da questão.

1.2 O que é investimento e por que investir?

É possível compreender o *ato de investir* como a ação de destinar seu dinheiro com o intuito de obter benefício futuro, o que, na maior parte das vezes, é associado a um rendimento sobre o valor investido, como juros, dividendos e lucros. Contudo, mesmo que muitos acreditem que todo investimento é capaz de alcançar lucros, isso não é verdade, já que, para tanto, é necessária uma taxa de lucro superior aos custos, pois, caso contrário, são gerados prejuízos.

Portanto, não há como garantir que em todas as situações os investimentos resultarão na obtenção de lucros, já que não há investimento sem risco. Para compreender esse contexto, leia, a seguir, um exemplo.

Exemplificando

Muitas vezes, uma casa é associada a um investimento, seja para moradia, seja para revenda. Contudo, nem sempre a obtenção de um imóvel gera lucros ou aumento de patrimônio. Como assim? Para compreender, imagine que você comprou uma casa por R$ 100.000,00, porém, em um momento de recessão, em que os preços dos imóveis caem, ela passou a custar R$ 80.000,00. Nesse momento, se a casa for vendida, haverá uma perda de R$ 20.000,00. Por outro lado, se houver uma valorização da região em que o imóvel estiver localizado e seu valor aumentar para R$ 130.000,00, o investimento terá rendido um lucro de R$ 30.000,00.

Assim, os investimentos consistem na aplicação de certa quantia de dinheiro a fim de que esta aumente em um cenário futuro. Por isso, não raro, investir é associado à ideia de alcance de metas e planos.

É comum haver confusão entre o que é investir e o que é poupar, tendo em vista que esses são conceitos comumente associados e semelhantes. Todavia, ambos não são sinônimos, mas consistem em aspectos relacionados cuja diferença está ilustrada na Figura 1.1.

Figura 1.1 – Diferença entre investir e poupar

Fonte: Elaborado com base em Cerbasi, 2018.

Ainda que o **ato de poupar** seja frequente e tenha uma importância notável, não é considerado o mais efetivo ou mais rentável, já que existem outras maneiras de realizar aplicações financeiras responsáveis por gerar uma obtenção de lucro maior e mais produtiva. Nesse sentido, Cerbasi (2018) afirma que a poupança é uma alternativa pouco eficiente no presente cenário em que a renda fixa é predominante.

Além disso, o autor afirma que o investimento agrupa condições melhores ou mais eficientes no que se refere à alocação do excedente de recursos. Dessa forma, é possível acelerar o processo de enriquecimento sem que as questões relativas à segurança financeira sejam deixadas de lado (Cerbasi, 2018). Por isso, o ato de investir pode ser associado à ideia de comprar e vender, desde que se trate de comprar barato para vender caro, de modo a aumentar a margem de lucros. Assim, os melhores investidores são aqueles que conseguem lucrar mais, atingir seus objetivos e aumentar seu patrimônio da maneira mais segura possível.

Os investimentos não podem e não devem ser visualizados de forma isolada ou como uma única coisa, tendo em vista sua diversidade de possibilidades, como a compra e a venda de ações, a obtenção de títulos públicos, a previdência social, os fundos de investimento – sendo os dois últimos os objetos centrais desta obra – entre tantos outros.

Seabra (2021), ao explicar o que é investir, também esclarece o que não deve ser compreendido como um investimento. Para ele, investir não consiste em efetuar apostas, uma vez que apostar é colocar o dinheiro em risco por meio de um empreendimento incerto cuja segurança financeira, muitas vezes, não é preservada.

É comum haver algumas confusões entre esses dois fundamentos, porém essa associação não é correta. Isso porque, se investimentos forem efetuados como apostas, estarão relacionados à irresponsabilidade financeira, e, na realidade, eles podem (e devem) ser benéficos, responsáveis e seguros.

Diante disso, para que os investimentos sejam bem realizados, os investidores precisam aperfeiçoar suas práticas e ampliar seus conhecimentos acerca do mercado financeiro, pois somente dessa maneira as ações serão realizadas de uma forma cada vez mais consciente. Os riscos sempre vão existir, contudo, seus impactos podem ser dirimidos e sua incidência pode ser prevista com maior frequência, assim como o combate a eles pode ser mais efetivo, pois, com os conhecimentos adequados, o conjunto de técnicas e ferramentas a serem utilizadas é maior.

Bassotto (2018) afirma que existem **duas variáveis** relacionadas aos investimentos. A primeira já foi abordada: os **riscos**. Já a segunda corresponde aos **retornos**. Nesse sentido, o autor enfatiza que quanto maior é o risco do investimento, maior é, também, o potencial de retorno associado, de modo que essas variáveis são diretamente e positivamente proporcionais. Por isso, o processo de aprendizado e a busca por atualizações do conhecimento são aspectos constantes na vida de um bom investidor.

1.3 Aspectos gerais sobre o investidor

Os **investidores individuais** podem ser tanto pessoas físicas quanto jurídicas que destinam uma parcela de seu dinheiro para determinado projeto ou investimento e, com isso, adquirem valores mobiliários, que podem manifestar-se de diversas formas: ações, obrigações de empresas, obrigações do tesouro, bilhetes do tesouro, unidade de participação em fundo de investimento etc.

Existem, ainda, os **investidores institucionais**, também conhecidos como *investidores qualificados*, que fazem parte de entidades incumbidas de movimentar grandes volumes de investimento, como as instituições financeiras, as companhias de seguros, os fundos de pensões e outros tipos de sociedades de investimento.

Em regra, os investidores individuais não podem ser considerados investidores institucionais, pois essa atribuição só ocorre nas situações em que um volume expressivo de investimentos for adquirido em carteira.

Em razão da complexidade de suas atividades e de seus papéis, os investidores institucionais têm um acesso maior aos instrumentos financeiros mais densos, envolvendo mais riscos, mas também maiores potenciais. Em contrapartida, os **investidores de retalhos** são os investidores individuais que não conseguem lidar com grandes riscos em razão do volume atrelado a seus investimentos. Dessa forma, muitas vezes buscam auxílio dos **agentes de intermediação** para obter maior segurança ao investir. Esse papel de intermediador é efetuado por bancos, sociedades corretoras, sociedades distribuidoras de valores mobiliários, entre outros.

Pergunta & resposta

No mundo do mercado financeiro, há dois componentes importantes para o funcionamento do mercado de capital: o sócio e o investidor. É correto afirmar que ambos desempenham a mesma função?

Não, pois, em suma, o sócio tem uma participação caracterizada por sua intenção em permanecer no empreendimento, ao passo que o investidor atua de maneira temporária. Assim, Wagner (2018) destaca que o investidor "entra para sair", tal que busca a valorização de seu patrimônio, e o sócio visa à renda continuada.

Massadar (2018) apresenta algumas dicas importantes para a formação de um bom investidor. A primeira está associada à capacidade de indivíduos ou grupos conseguirem estabelecer objetivos financeiros, ou seja, é preciso que os investidores saibam o que desejam para atingir seus objetivos; caso contrário, essa busca não terá uma finalidade e sairá do controle. Por isso, o autor indica a necessidade de que o investidor tenha conhecimento acerca de suas faixas de rendimento e saiba o que deseja alcançar com cada uma delas, levando em consideração, ainda, o quanto está disposto a aplicar em títulos, tendo em vista seus riscos e potenciais (Massadar, 2018).

Além disso, é importante destacar, quando se trata do estabelecimento de uma meta, que o investidor deve refletir sobre isso de forma concreta e objetiva. Isso porque objetivos amplos e muito subjetivos podem representar perigos para a carteira de investimentos, bem como podem ser frustrantes a longo prazo, pois os investimentos precisam ser acompanhados de forma constante.

Por isso, a orientação seguinte de Massadar (2018) relaciona-se ao tempo e à paciência, já que o investidor deve pensar em curto, médio e longo prazos, tentando prever as situações com as quais poderá deparar-se em sua jornada de investimentos, visto que cada um deles necessita de um tempo específico para ser maturado, o que, não raro, está relacionado à sua natureza e às suas especificidades.

Assim, antes de decidir o tipo de investimento a ser feito, o investidor precisa analisar seus objetivos, suas necessidades financeiras e o tempo de resgate mínimo dos investimentos aplicados, sem deixar de lado as hipóteses relativas às perdas de rendimentos e às taxas, que serão estudadas em capítulo posterior desta obra.

Diante da variedade de investimentos, também é importante que os investidores não se atrelem única e exclusivamente a um tipo específico, devendo, pelo contrário, diversificá-los como uma forma de dirimir os riscos de sua carteira. Essa diminuição, por sua vez, ocorre simultaneamente ao aumento da qualidade dos investimentos e à potencialização dos resultados obtidos.

Outro aspecto relevante é a paciência e a disciplina. Muitas pessoas acreditam que os ganhos e os conhecimentos sobre os investimentos podem ser adquiridos rapidamente, mas essa ideia é um mito, já que eles demandam tempo e dedicação, e esses esforços podem ocorrer em maior ou menor nível, a depender do tipo de investimento que esteja sendo realizado.

As questões psicológicas e o controle emocional são importantes e precisam ser consideradas grandes aliadas para o sucesso dos investimentos. Assim, o autocontrole é essencial no momento de investir, não devendo ser visualizado de forma isolada, mas sim associado a uma boa estratégia, bem como aos aspectos destacados anteriormente.

Para saber mais

INFLUÊNCIA da psicologia no mercado de ações. **Os melhores investimentos**. Disponível em: <https://www.osmelhoresinvestimentos.com.br/curiosidades/influencia-da-psicologia-no-mercado-de-acoes/>. Acesso em: 7 jul. 2021.

Esse artigo trata da relação existente entre o campo da psicologia e os investimentos realizados na Bolsa de Valores. Vale a pena a leitura, uma vez que os fatores psicológicos podem interferir nos investimentos efetuados, embora não sejam o único ou o principal elemento a ser atendido.

Vivemos em um mundo onde os avanços tecnológicos estão em ascensão, por isso, constantemente, surgem ferramentas que facilitam nosso dia a dia e nos ajudam no cumprimento de muitas tarefas, tornando-as mais práticas. As tecnologias, os *softwares* e os diversos aparelhos, técnicas e serviços atrelados a eles existem para nos servir e estão disponíveis nos mais variados ambientes. Nesse sentido, o mundo dos investimentos e das finanças não poderia ser exceção. Esses instrumentos devem ser utilizados com o intuito de tornar o desempenho de nossos investimentos mais simples, fácil, ágil, efetivo e rápido.

Mesmo com a utilização das melhores tecnologias, os investidores ainda precisam ter em mente a importância da ajuda e dos ensinamentos por parte de pessoas mais experientes e profissionais no assunto em questão. Assim, aqueles que desejam tornar-se bons investidores precisam do apoio e da troca de informações com especialistas credenciados e profissionais familiarizados com o mercado, conforme destaca Massadar (2018).

1.4 Breve histórico dos fundos de investimento

Os conhecimentos sobre investimentos são considerados desafiadores por muitas pessoas, por isso é comum que uma quantidade grande de indivíduos tenha dificuldade no mercado de investimentos. Esse fato acaba resultando em desastres econômicos, que, em menor escala, atingem a vida individual e, em maior proporção, a vida em sociedade.

O medo acerca da realização dos investimentos é compreensível se considerarmos a quantidade de alternativas oferecidas e a instabilidade do mercado, pois esses fatores são responsáveis por deixar muitas pessoas ansiosas e apreensivas quanto às decisões que precisam ser tomadas. Afinal, em torno dos investimentos ainda paira o pensamento de que os lucros são obtidos de forma facilitada, mas podem ser perdidos na mesma proporção. Nesse sentido, observe, a título de ilustração, os picos e os abismos dos gráficos de investimentos presentes na Figura 1.2.

Figura 1.2 – Investimentos

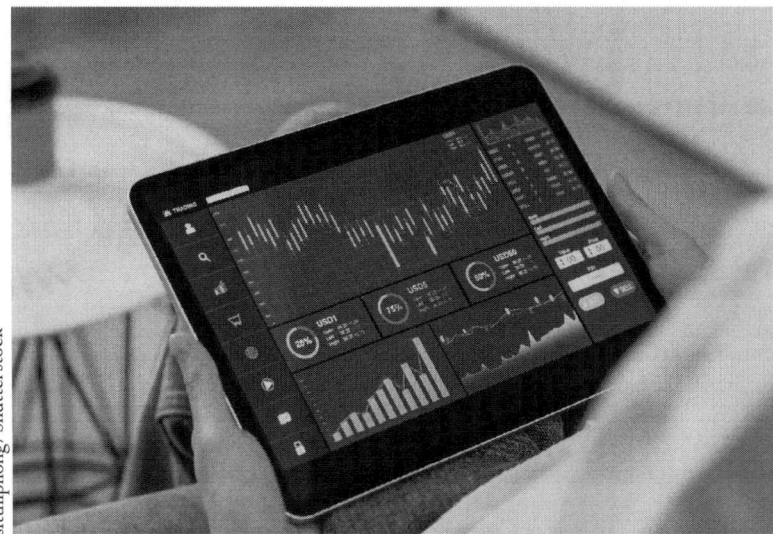

Diante disso, é de suma importância que tenhamos conhecimentos básicos sobre investimentos e, consequentemente, a respeito do funcionamento do mercado. Todavia, não é necessário que todos detalhes e especificidades sejam absorvidos, considerando a amplitude e a real complexidade da área. Com uma compreensão razoável, grandes problemas do mundo econômico e financeiro podem ser dirimidos e/ou prevenidos.

Os fundos de investimento nem sempre tiveram a importância e a atenção da atualidade. Diante disso, é interessante conhecer um pouco acerca dos fatores que os destacaram por meio do estudo de sua história. Nesse sentido, os fundos de investimento são compreendidos como a forma mais popular de efetuar aplicações financeiras.

É difícil precisar quando surgiram os fundos de investimento, uma vez que seu aparecimento não ocorreu de forma abrupta, mas de maneira gradual. O primeiro fundo registrado com esse nome surgiu na Bélgica, em 1922, segundo Costa (2011). A partir desse momento, os fundos de investimento começaram a disseminar-se por toda a Europa, com especial destaque para a Inglaterra. Depois desse avanço, o progresso dos fundos de investimento atingiu os Estados Unidos, sendo de suma importância para o desenvolvimento e a manutenção da economia desse país.

Contudo, as informações acerca dessa origem contrapõem-se em certos momentos. Alguns autores, por exemplo, afirmam que os fundos de investimento podem ser compreendidos como veículos de investimentos coletivos. Se considerarmos essa definição, podemos inferir que a reunião de pessoas em sociedade com a intenção de efetuar um investimento remonta ao século XVII.

Segundo Neves (2019), uma das primeiras companhias com esse propósito nasceu na Suíça, fundada por banqueiros em 1849. Entretanto, os primeiros fundos de investimento dos quais se tem notícia foram as **tontinas**, contratos financeiros e de investimento efetuados na França, em 1653. Nesse sistema, os participantes pagavam suas taxas de entrada na tontina e gozavam dos lucros provenientes dos investimentos até sua morte. Quando um dos integrantes morria, ocorria a divisão de seu capital entre os demais. O autor destaca que, caso todos os participantes falecessem, o capital passava a ser destinado aos estatutos determinados nos acordos.

Em virtude do exposto, Neves (2019) considera que o primeiro fundo de investimento foi criado em 1689, na França.

As tontinas continuam válidas, na Europa, até a atualidade, por meio da regulamentação Diretiva n. 2002/83/EC do Parlamento Europeu, salvo na Itália (Neves, 2019). Contudo, elas não podem ser confundidas com os fundos de investimento, mesmo com sua grande importância para o surgimento deles, porque, atualmente, são dotadas de finalidades distintas. De acordo com Neves (2019), ao analisar lições ensinadas pelo professor K. Geert Rouwenharst, as tontinas são direcionadas para a obtenção e a garantia de renda, ao passo que os fundos visam promover a diversificação e a liquidez. Além disso, as tontinas não admitem a transmissão de propriedade por meio da sucessão hereditária, como ocorre nos fundos de investimento.

Ademais, outro instrumento essencial para a criação e o estabelecimento dos fundos de investimento como conhecemos na atualidade foram os **empréstimos de plantações**. Podemos compreendê-los como hipotecas securitizadas de plantadores nas Índias Ocidentais. Entretanto, esses empréstimos não podem ser considerados investimentos financeiros de fato, por conta da ausência de diversificação em sua estrutura.

Assim, mesmo que os dois instrumentos apresentados sejam relevantes para a estruturação dos fundos de investimento, aqueles ainda apresentavam algumas características distintas em relação a estes. Nesse sentido, Neves (2019) destaca que a primeira ferramenta com aspectos substancialmente semelhantes aos fundos modernos surgiu com as proposições do corretor Abraham van Ketwich, que utilizou as grandes perdas de seus clientes em investimentos na English East India Company como lição e procurou estabelecer um grupo denominado *Unidade Faz a Força* – originalmente, em holandês, *Eendragt Maakt Magt*.

Apesar dos avanços alcançados pelo fundo criado por Ketwich, ele não foi capaz de sobreviver às guerras da Holanda contra a Inglaterra e contra a França, por volta do século XVIII, em razão das quais a economia holandesa sofreu grandes impactos. Nesse contexto, Londres passou a ser vista como o principal centro financeiro global. Todavia, o fundo holandês conhecido como *Concordia Res Parvae Crescunt* conseguiu superar a crise durante um bom tempo, deixando de existir apenas em 1893 e sendo considerado o fundo de crédito mais antigo (Neves, 2019).

A Inglaterra, por sua vez, estabeleceu a Companies Act, em 1862, responsável por disciplinar as sociedades anônimas e os títulos por elas emitidos, de modo a viabilizar as sociedades de investimento, como a London Financial Association e a International Financial Society, fundadas em 1863.

Apenas por volta de 1889, os fundos de investimento chegaram ao continente americano, por meio dos Estados Unidos, onde têm extrema relevância até a atualidade. Nesse sentido, o New York Stock Trust foi o primeiro organismo americano identificado como *investment trust*. No entanto, assim como a Holanda no século XVIII, os Estados Unidos sofreram com as consequências da crise de 1929, responsável por proporcionar problemas em âmbito mundial e por promover a quebra da Bolsa de Valores americana, que teve resultados desastrosos, mas que também serviu de lição para os investimentos posteriores, sendo, inclusive, importante para a criação e o fortalecimento dos fundos mútuos modernos.

Ao analisarmos a presença dos fundos de investimento na Europa, verificamos que o instituto do fundo comum de investimento passou a ser regulado na França e na Bélgica, por volta de 1957, chegando à Holanda em 1960.

O primeiro registro de um fundo de investimento no Brasil também ocorreu em 1957, com o chamado *Crescinco*, que era inspirado na International Basic Economy Corporation, com sede em Nova Iorque. Trata-se apenas do marco inicial dos fundos de investimento no país, pois seu funcionamento foi aprimorado e suas estratégias foram ampliadas.

Conforme Neves (2019), o mercado de capital foi de suma relevância para o estabelecimento dos fundos de investimento no Brasil, já que, por meio dos avanços dele, a economia brasileira passou a ter um maior destaque e uma melhor estruturação, com a criação de normas destinadas a regular o sistema nacional de intermediação financeira, que resultou na criação do Conselho Monetário Nacional (CMN) e do Banco Central do Brasil (BC).

Assim, essas normas foram responsáveis por modificar muitos aspectos do mercado acionário, tendo sido acompanhadas, ainda, de uma reformulação na legislação responsável por disciplinar a Bolsa de Valores, já que esta promoveu a transformação dos corretores de fundos, a criação dos bancos e o desenvolvimento dos fundos de investimento. Posteriormente, estabeleceram-se outras legislações acerca do assunto, como a Lei n. 6.404, de 15 de dezembro de 1976 (Brasil, 1976b), que criou as sociedades anônimas, e a Lei n. 6.385, de 7 de dezembro de 1976 (Brasil, 1976a), conhecida como *Segunda Lei do Mercado de Capitais*. Nesse sentido, Neves (2019) afirma que

> Os momentos históricos do mercado de capitais no Brasil, [sic] como se pode ver passaram por momentos de crescimento e encolhimento, os quais foram necessários para torná-lo mais maduro. Com isso, os fatos relevantes do mercado de capitais foram expostos, permitindo agora, [sic] apresentar o [sic] ocorreu no curso do tempo com os fundos de investimentos no Brasil.

A forte ligação entre o mercado de capitais e os fundos de investimento está presente em muitos aspectos da legislação brasileira e suas consequências. Assim, verificamos um paralelo entre o incremento nas operações da Bolsa de Valores e o surgimento do primeiro fundo de investimento no ano de 1961, sendo as consequências desses fatos ampliadas em 1964, quando o mercado de capitais foi fomentado.

Um dos maiores destaques dos fundos de investimento no Brasil aconteceu em 2004, quando o patrimônio líquido atingiu um total de U$ 222.431 bilhões, com um crescimento de 409%, segundo dados da Associação Nacional dos Bancos de Investimento (Anbid) (Fonseca et al., 2007). Em decorrência desses fatores, a primeira década do século XXI foi considerada fundamental para a consolidação, no Brasil, dos fundos como instrumentos de poupança capazes de atrair pequenos, médios e grandes investidores.

1.5 Definição de fundos de investimento

Como assinalamos, o número de pessoas interessadas em realizar investimentos é crescente, contudo o medo de investir cresce na mesma proporção. Por isso, muitos buscam alternativas que tornem essa prática mais segura e confiável, sem a necessidade de uma compreensão muito detalhada. Nesse sentido, a melhor solução para essa situação parece estar vinculada aos fundos de investimento.

Apesar da simplicidade e do fácil entendimento, os fundos de investimento ainda demandam dedicação para que possam ser compreendidos em sua totalidade, por isso, um conhecimento básico é tão imprescindível. Nesse sentido, Fonseca et al. (2007, p. 97) afirmam que

> Atualmente, uma das alternativas de investimento mais acessíveis oferecidas pelo mercado financeiro são os diversos tipos de Fundos de Investimento. Eles permitem que os pequenos investidores tenham acesso a melhores condições de mercado, menores custos e contem com administração profissional. Além disso, tornam possível a diversificação dos investimentos através da aplicação em suas diferentes classes, visando diluir o risco e aumentar o potencial de retorno.

Os fundos de investimento são formados por investidores que se agrupam com o intuito de investir em uma mesma carteira de ativos. Assim, quanto maior é o investimento ou a cota adquirida, maior também é o rendimento obtido pelo investidor em questão.

O que é?

As **cotas** podem ser compreendidas como a menor parte de um fundo. Assim, quando o investidor aplica seu dinheiro em um fundo, ele está adquirindo cotas.

A própria natureza dos fundos de investimento é responsável por proporcionar uma quantidade maior de riscos para os envolvidos em seu processo e em sua criação, já que quanto maior é o número de pessoas contribuindo, menores são as chances de que os investidores percam seus direitos, suas garantias e seus lucros. Assim, os riscos são calculados com base no desvio-padrão relativo às taxas de rentabilidade. Fonseca et al. (2007) salientam que os fundos de investimento são responsáveis por possibilitar a diversificação dos investimentos por meio de classes distintas, com o intuito de diminuir os riscos e aumentar os potenciais de retorno.

Segundo Neves (2019), os fundos de investimento presentes no Brasil são compreendidos como instrumentos utilizados para a aplicação financeira, nos quais há a união de múltiplos investidores com o objetivo de realizar um investimento financeiro e de auferir um retorno almejado, sem personalidade jurídica.

Em outras palavras, o fundo de investimento é um instrumento utilizado por várias pessoas ao mesmo tempo, de maneira que todas elas apliquem seus recursos financeiros com o intuito de obter uma quantidade significativa de capital, usufruindo da rentabilidade resultante dessas aplicações. Assim, o fundo de investimento torna possível que várias pessoas apliquem dinheiro em conjunto com a intenção de obter lucros futuros, quando houver necessidade ou chegar o momento correto para colher as aplicações em questão.

Conforme o "Guia de fundos" disponível no *site* da Associação Nacional dos Bancos de Investimento – Anbid (citada por Fonseca et al., 2007, p. 100), "um fundo de investimento é um condomínio que reúne recursos de um conjunto de investidores, com o objetivo de obter ganhos financeiros a partir da aquisição de uma carteira de títulos ou valores mobiliários".

Diante disso, a explicação fornecida por Reis (2017) é interessante para a compreensão desse tema:

> *a pessoa que investe em um fundo, na verdade, compra uma cota do mesmo [sic], passando então a ser um cotista deste fundo, tendo como objetivo final a obtenção de ganhos a partir da aplicação feita no mercado financeiro pelo gestor.*

O investidor realiza a aplicação com o intuito de que o valor investido seja capaz de passar por uma valorização, resultando, pois, no aumento do patrimônio. Nesse sistema, o investidor é visto como um sócio que contribui com o fundo e pode alcançar seus resultados.

1.6 Tipos de fundos de investimento

Conforme verificamos, os fundos de investimento não são compostos por uma única tipificação, mas sim por um conjunto de tipos, cada um com função, finalidade e papel específicos, em um momento correto. Dessa forma, cada um dos investimentos apresenta uma política prevista em um regulamento próprio. Mesmo que essas classificações se refiram a um mesmo gênero, sua composição apresenta aspectos peculiares.

Assim, os **principais fundos de investimento** utilizados são:

- fundos de investimento em renda fixa;
- fundos de investimento em ações;
- multimercados;
- fundos de investimento em cotas;
- fundos de curto prazo;
- fundos referenciados;
- fundo cambial;
- fundo da dívida externa;
- fundos mistos;
- fundos de fundos.

Observe que cada um desses tipos apresenta riscos e retornos distintos.

1.7 Estrutura dos fundos de investimento

Os fundos de investimento são compreendidos como uma espécie de negócio. Em razão disso, são formados por um gestor, um administrador, um custodiante, um auditor e um distribuidor, conforme esquematizado na Figura 1.3.

Figura 1.3 – Estrutura dos fundos de investimento

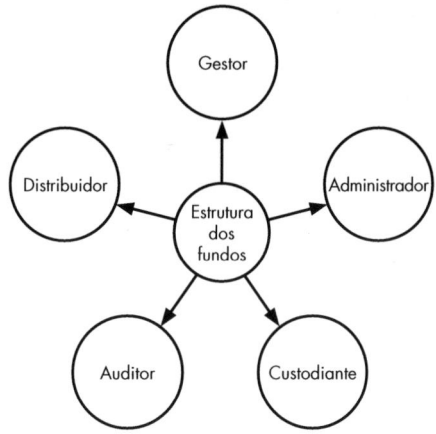

Fonte: Elaborado com base em Dubard, 2018.

O **administrador** é o integrante responsável pelo funcionamento do fundo de investimento, destina a atenção e os cuidados necessários para os prestadores de serviços, que efetuam e realizam a constituição do fundo. Além disso, ele deve considerar as regulamentações estabelecidas pela Comissão de Valores Mobiliários (CVM), bem como divulgar as informações, prestar contas aos reguladores e cotistas, efetuar os cálculos e, ainda, detalhar os valores das cotas para aqueles que desejam investir no fundo.

Outro integrante responsável por compor a estrutura dos fundos de investimento é o **gestor**, que designa a empresa ou a pessoa encarregada de traçar a estratégia a ser utilizada, bem como efetua a escolha e a realização dos investimentos do fundo. Assim, Dubard (2018) afirma que os gestores administram a carteira de investimentos e tomam decisões acerca das compras e das vendas, considerando os objetivos e as políticas de investimentos estabelecidas no regulamento do fundo.

Por sua vez, o **custodiante** é incumbido de guardar os ativos que compõem a carteira do fundo de investimento e realizar a guarda de seus ativos. Dessa forma, cabe a esse integrante enviar diariamente o inventário com os dados para o gestor e o administrador, de acordo com Dubard (2018).

O **distribuidor** é a empresa que cuida do relacionamento com os investidores do fundo, portanto, medeia o primeiro contato destes com um dos integrantes. Ele é incumbido de efetuar a distribuição das cotas entre os investidores, funcionando como elo ou ponte entre os cotistas e o fundo. Assim, sua principal função consiste na aplicação de questionários para que cada cliente seja alocado no grupo em que se encaixe melhor de acordo com o risco que se dispõe a enfrentar.

Já o **auditor** é responsável por efetuar as revisões das demonstrações financeiras, considerando, ainda, as contas e os documentos do fundo anualmente, a fim de evitar que fraudes, enganos ou erros sejam cometidos na aplicação de dado investimento. Assim, os auditores também devem observar o cumprimento das normas da CVM, o órgão competente pela regulamentação e fiscalização desse tipo de trabalho. Por conta disso, toda vez que um novo fundo de investimento for criado, uma autorização deve ser gerada pela CVM.

Por fim, há os **cotistas**, que, como pontuamos, são os investidores, isto é, as pessoas que realizam os investimentos no fundo (Dubard, 2018).

Exercício resolvido

Os fundos de investimento são uma das formas mais seguras de realizar investimentos, mas ainda é necessário que os investidores dediquem tempo e atenção a seu desenvolvimento. Dessa forma, a estrutura desses fundos também deve ser considerada. Sobre esse assunto, assinale a alternativa correta:

a. O gestor é responsável por designar a empresa ou pessoa incumbida da estratégia a ser utilizada, bem como por efetuar a escolha e a realização dos investimentos do fundo.

b. O cotista é incumbido de efetuar as revisões das demonstrações financeiras, considerando, ainda, as contas e os documentos do fundo anualmente, a fim de evitar que fraudes, enganos ou erros sejam cometidos na aplicação de dado investimento.

c. A principal função do administrador consiste na aplicação de questionários para que cada cliente seja alocado no grupo em que se encaixa melhor de acordo com o risco que se dispõe a enfrentar.

d. O distribuidor é encarregado de efetuar as revisões das demonstrações financeiras, considerando, ainda, as contas e os documentos do fundo anualmente, de modo a evitar que fraudes, enganos ou erros sejam cometidos na aplicação de dado investimento.

Gabarito: a

Comentário: cada um dos integrantes da estrutura dos fundos de investimento exerce uma função específica nesse planejamento. Dessa forma, o gestor é o responsável por gerir e definir as estratégias a serem utilizadas no momento da aplicação e da realização do fundo de investimento.

Além desses integrantes, é fundamental abordar a **Assembleia Geral de Cotistas**, que não retira a autonomia dos demais componentes da estrutura do fundo, devendo ser considerada uma aliada na execução de seus papéis. Isso porque ela entra em ação nas situações em que há necessidade de aprovação para que as tomadas de decisão sejam dotadas de validade. Após a realização da assembleia, o gestor deve comunicar aos cotistas as decisões que foram tomadas em um prazo de 30 dias.

1.8 Comissão de Valores Mobiliários

Anteriormente, mencionamos que os fundos de investimento precisam obedecer às normas determinadas pela CVM por meio de um regulamento próprio – documento em que constam os objetivos, a política de investimento, os tipos de ativos negociados, os riscos envolvidos nas operações, as taxas de administração e as demais despesas do fundo. Além disso, deve conter o regime de tributação e outras informações consideradas relevantes para a formação, o desenvolvimento e a manutenção dos fundos de investimento.

As comissões, de forma geral, referem-se a grupos de pessoas que têm funções específicas. Dessa forma, podem estar associadas às ideias de comitê, junta, delegação e representação.

Segundo informações presentes no *site* da CVM (2021), esta foi criada em 7 de dezembro de 1976, por meio da Lei n. 6.385/1976, tendo como objetivo principal fiscalizar, normatizar, disciplinar e desenvolver o mercado de valores mobiliários no Brasil. A página oficial ainda estabelece que a comissão é uma entidade autárquica em regime especial, vinculada ao Ministério da Economia, dotada de personalidade jurídica e patrimônio próprios, bem como é considerada uma autoridade administrativa independente, sem subordinação hierárquica, com autonomia financeira e orçamentária. Assim, a Portaria n. 327, de 11 de julho de 1977, do Ministério da Fazenda estabelece, em seu Capítulo 1:

> *Art. 1º A Comissão de Valores Mobiliários (CVM) é uma entidade autárquica vinculada ao Ministério da Fazenda, dotada de personalidade jurídica e patrimônio próprio, com as finalidades previstas na Lei nº 6.385, de 07 de dezembro de 1976 e na Lei nº 6.404, de 15 de dezembro de 1976, no presente Regimento Interno, e nas demais disposições legais e complementares aplicáveis. (Brasil, 1977c)*

Dessa forma, a CVM surgiu com a intenção de desenvolver uma economia voltada para a livre iniciativa, destinada a auxiliar e proteger os interesses dos investidores, principalmente aqueles que são considerados mais vulneráveis perante o mercado em geral. Nesse sentido, a CVM tem a missão de desenvolver, regular e fiscalizar o mercado de valores mobiliários, utilizando como instrumentos a realização e a captação de recursos para as empresas. Além disso, deve divulgar as informações sobre os emissores e os valores mobiliários.

A Lei n. 6.385/1976, que dispõe acerca do mercado de valores mobiliários, assim estabelece em seu art. 1º:

> *Art. 1º Serão disciplinadas e fiscalizadas de acordo com esta Lei as seguintes atividades:*
>
> *I – a emissão e distribuição de valores mobiliários no mercado;*
>
> *II – a negociação e intermediação no mercado de valores mobiliários;*
>
> *III – a negociação e intermediação no mercado de derivativos;*

IV – a organização, o funcionamento e as operações das Bolsas de Valores;

V – a organização, o funcionamento e as operações das Bolsas de Mercadorias e Futuros;

VI – a administração de carteiras e a custódia de valores mobiliários;

VII – a auditoria das companhias abertas;

VIII – os serviços de consultor e analista de valores mobiliários. (Brasil, 1976a)

Ainda, a Lei n. 6.385/1976, em seu art. 8º, estipula as competências relativas à CVM:

Art. 8º Compete à Comissão de Valores Mobiliários:

I – regulamentar, com observância da política definida pelo Conselho Monetário Nacional, as matérias expressamente previstas nesta Lei e na lei de sociedades por ações;

II – administrar os registros instituídos por esta Lei;

III – fiscalizar permanentemente as atividades e os serviços do mercado de valores mobiliários, de que trata o Art. 1º, bem como a veiculação de informações relativas ao mercado, às pessoas que dele participem, e aos valores nele negociados;

IV – propor ao Conselho Monetário Nacional a eventual fixação de limites máximos de preço, comissões, emolumentos e quaisquer outras vantagens cobradas pelos intermediários do mercado;

V – fiscalizar e inspecionar as companhias abertas dada prioridade às que não apresentem lucro em balanço ou às que deixem de pagar o dividendo mínimo obrigatório.

[...]

§ 3º Em conformidade com o que dispuser seu regimento, a Comissão de Valores Mobiliários poderá:

I – publicar projeto de ato normativo para receber sugestões de interessados;

II – convocar, a seu juízo, qualquer pessoa que possa contribuir com informações ou opiniões para o aperfeiçoamento das normas a serem promulgadas. (Brasil, 1976a)

Assim, podemos verificar que a CVM não é dotada da competência necessária para determinar o ressarcimento de eventuais prejuízos sofridos pelos investidores. Em suma, a comissão é direcionada aos investidores, apresentando uma preocupação com seu bem-estar, mas não é a responsável por eliminar os riscos vinculados à atividade de investimento, tampouco por suas consequências ou pela omissão de agentes do mercado.

A Lei n. 6.385/1976 também aborda a estrutura organizacional da CVM, que é administrada por um presidente e quatro diretores, nomeados pela Presidência da República e aprovados pelo Senado Federal. Os membros em questão devem apresentar reputação ilibada e competência adequada e suficiente para atuar no mercado de capitais.

O que é?

De acordo com a Comissão de Constituição, Justiça e Cidadania (CCJ), apresenta **reputação ilibada** aquele cidadão que, no âmbito da sociedade, é dotado de idoneidade moral, ou seja, é uma qualidade atribuída a uma pessoa íntegra, sem manchas e que não é vinculada a nenhum tipo de corrupção (Reputação..., 1999).

A função atribuída ao superintendente geral consiste no acompanhamento e na coordenação das atividades executivas da comissão, devendo este ser auxiliado pelos demais superintendentes e pelos gerentes subordinados à sua atuação e que compõem o corpo funcional. Dessa forma, a função dos componentes da comissão relacionam-se ao desempenho das atividades empresariais e financeiras destinadas aos investidores, à fiscalização externa, à normatização contábil e auditória, aos assuntos jurídicos, ao desenvolvimento de mercado, à informática, entre outros.

No que se refere à finalidade da CVM, a Portaria n. 327/1977 do Ministério da Fazenda, em seu art. 3º, dispõe:

> I – estimular a formação de poupanças e a sua aplicação em valores mobiliários;
> II – promover a expansão e o funcionamento eficiente e regular do mercado de ações, e estimular as aplicações permanentes em ações do capital social de companhias abertas sob controle de capitais privados nacionais;
> III – assegurar o funcionamento eficiente e regular dos mercados da Bolsa de balcão;

IV — proteger os titulares de valores mobiliários e os investidores do mercado conta [sic]:

a) emissões irregulares de valores mobiliários;

b) atos ilegais de administradores e acionistas controladores das companhias abertas, ou de administradores de carteira de valores mobiliários;

V — evitar ou coibir modalidade de fraude ou manipulação destinadas a criar condições artificiais de demanda, oferta ou preço dos valores mobiliários negociados no mercado;

VI — assegurar o acesso do público a informações sobre os valores mobiliários negociados e às companhias que os tenham emitido;

VII — assegurar a observância de práticas comerciais equitativas no mercado de valores mobiliários;

VIII — assegurar a observância, no mercado, das condições de utilização de crédito fixadas pelo Conselho Monetário Nacional;

IX — promover, disciplinar e fiscalizar a internacionalização do mercado de valores mobiliários, sem prejuízo da competência do Banco Central do Brasil no tocante à entrada e saída de recursos do País;

X — cumprir e fazer cumprir as deliberações do Conselho Monetário Nacional, e exercer as atividades que por este lhe forem delegadas. (Brasil, 1977c)

Nesse sentido, a CVM tem como finalidade disciplinar e fiscalizar o mercado de valores mobiliários, levando em consideração a aplicação de punições sobre aqueles que não cumprirem as regras estabelecidas. O mercado é representado por um conjunto de produtos de investimento oferecidos ao público, como as ações de empresas negociadas em bolsa e os fundos de investimento.

Diante desse contexto, a CVM elaborou e desenvolveu o **Programa de Orientação e Defesa do Investidor** (Prodin), voltado para o atendimento ao cidadão. Esse programa exerce suas atividades por meio de consultas, reclamações e denúncias, promovendo e ampliando a educação dos investidores acerca do mercado e seus desdobramentos. Dessa forma, investidores e cidadãos podem buscar os canais de atendimento quando houver dúvidas ou surgirem problemas relativos ao tema. Assim, são fornecidas informações e estratégias indicadas para que a tomada de decisão seja efetuada de maneira efetiva e eficaz diante das necessidades e dos interesses de cada investidor.

É importante esclarecer que, no momento do surgimento da Lei n. 6.385/1976, eram abordados apenas as competências do CMN e as regulamentações relativas aos valores mobiliários. Ao longo dos anos, outros valores passaram a ser abordados pela lei, tal que mais contratos de investimento foram destacados e ampliados.

Assim, **valores mobiliários** são aqueles ofertados de forma pública, não importando quais são os títulos ou os contratos de investimento coletivo que geram direito de participação, parceria ou remuneração, podendo estar ou não vinculados à prestação de serviços, destinados aos rendimentos dos esforços do empreendedor ou de terceiros. Diante disso, o art. 2º da Lei n. 6.385/1976 teve sua redação alterada pela Lei n. 10.303, de 31 de outubro de 2001, passando a determinar:

> Art. 2º São valores mobiliários sujeitos ao regime desta Lei:
>
> I – as ações, debêntures e bônus de subscrição;
>
> II – os cupons, direitos, recibos de subscrição e certificados de desdobramento relativos aos valores mobiliários referidos no inciso II;
>
> III – os certificados de depósito de valores mobiliários;
>
> IV – as cédulas de debêntures;
>
> V – as cotas de fundos de investimento em valores mobiliários ou de clubes de investimento em quaisquer ativos;
>
> VI – as notas comerciais;
>
> VII – os contratos futuros, de opções e outros derivativos, cujos ativos subjacentes sejam valores mobiliários;
>
> VIII – outros contratos derivativos, independentemente dos ativos subjacentes; e
>
> IX – quando ofertados publicamente, quaisquer outros títulos ou contratos de investimento coletivo, que gerem direito de participação, de parceria ou de remuneração, inclusive resultante de prestação de serviços, cujos rendimentos advêm do esforço do empreendedor ou de terceiros.

§ 1º Excluem-se do regime desta Lei:
I – os títulos da dívida pública federal, estadual ou municipal;
II – os títulos cambiais de responsabilidade de instituição financeira, exceto as debêntures. (Brasil, 1976a; 2001c)

O que é?

Segundo a página oficial da Comissão de Valores Mobiliários (2021), as **debêntures** podem ser entendidas como títulos de dívidas de médio e longo prazos, emitidos por sociedades anônimas. Referem-se, portanto, a dívidas relativas a empréstimos as quais devem ser pagas com base em um cálculo que considere os juros e as correções monetárias.

Considerando o disposto no parágrafo 1º do art. 2º da Lei n. 6.385/1976 e as informações acerca da CVM, verificamos que são excluídos das determinações dessa lei os registros relativos aos "títulos da dívida pública federal, estadual ou municipal", assim como "os títulos cambiais de responsabilidade de instituição financeira, exceto as debêntures" (Brasil, 1976a). Essas são as exceções; em regra, quaisquer outros títulos criados e emitidos por sociedades anônimas estão sujeitos à negociação, desde que o conceito de valor mobiliário esteja devidamente registrado na CVM.

Exercício resolvido

Considerando as determinações acerca da Comissão de Valores Mobiliários (CVM) e suas principais características, a Lei n. 6.385/1976, que sofreu modificações impostas pela Lei n. 10.303/2001, indica quais são os valores mobiliários que devem obedecer às suas determinações. Diante disso, assinale a única alternativa que **não** contém um desses valores mobiliários:

a. Notas comerciais.
b. Ações, debêntures e bônus de subscrição.

c. Títulos da dívida pública federal, estadual ou municipal.

d. Contratos derivados, independentemente dos ativos subjacentes.

Gabarito: c

Comentário: as alternativas *a*, *b*, e *d* referem-se a incisos presentes no art. 2º da Lei n. 6.385/1976, ao passo que a alternativa *c* refere-se a uma das exceções do regime da legislação.

Diante desse contexto, o mercado de valores mobiliários é responsável por promover o estímulo à poupança e ao investimento, sendo o crescimento das economias modernas de suma importância para seu desenvolvimento e sua manutenção.

Salientamos, ainda, que a legislação responsável pelas principais disposições relativas à CVM também aborda aplicações e penas relativas às infrações destinadas àqueles que descumprirem as determinações presentes na Lei n. 6.385/1976, mencionadas no art. 11:

Art. 11. A Comissão de Valores Mobiliários poderá impor aos infratores das normas desta Lei, da Lei n. 6.404, de 15 de dezembro de 1976 (Lei de Sociedades por Ações), de suas resoluções e de outras normas legais cujo cumprimento lhe caiba fiscalizar as seguintes penalidades, isoladas ou cumulativamente:

I – advertência;

II – multa;

[...]

IV – inabilitação temporária, até o máximo de 20 (vinte) anos, para o exercício de cargo de administrador ou de conselheiro fiscal de companhia aberta, de entidade do sistema de distribuição ou de outras entidades que dependam de autorização ou registro na Comissão de Valores Mobiliários;

V – suspensão da autorização ou registro para o exercício das atividades de que trata esta Lei;

VI – inabilitação temporária, até o máximo de 20 (vinte) anos, para o exercício das atividades de que trata esta Lei;

VII – proibição temporária, até o máximo de vinte anos, de praticar determinadas atividades ou operações, para os integrantes do sistema de distribuição ou de outras entidades que dependam de autorização ou registro na Comissão de Valores Mobiliários.

VIII — proibição temporária, até o máximo de dez anos, de atuar, direta ou indiretamente, em uma ou mais modalidades de operação no mercado de valores mobiliários. (Brasil, 1976a)

As determinações relativas ao art. 11 prolongam-se nas especificações presentes em seus parágrafos. Assim, o parágrafo 1º é responsável por determinar que a multa, referida pelo inciso II, deve levar em conta os princípios da proporcionalidade e da razoabilidade, não ignorando, ainda, a capacidade econômica do infrator, os motivos que justificam sua imposição e os valores estimados. Por sua vez, o parágrafo 3º determina que as hipóteses previstas nos incisos IV, V, VI, VII e VIII só são aplicadas aos casos mais graves ou às situações de reincidência.

1.9 Regulamentação dos fundos de investimento

Do ponto de vista geral, a regulamentação pode ser compreendida como um conjunto de medidas legais sobre determinado assunto. Diante disso, há diversos regulamentos, cada um deles relativo a uma área ou a um assunto. Alguns exemplos são os regulamentos da Lei do Inquilinato e a regulamentação que discutiremos nesta seção, ou seja, a que dispõe sobre os fundos de investimentos. Além disso, regular também é uma forma de impor regras ao funcionamento de dadas matérias para que não exista um descontrole ou uma ausência de conhecimento sobre o tema, estabelecendo padrões e normas que devem ser atendidos. O regulamento pode, ainda, destinar-se à constituição do fundo, disciplinando as regras básicas para seu surgimento, tal que é considerado um documento de suma importância para o desenvolvimento dessas funções.

Conforme assinalamos, os fundos de investimento são um tipo de investimento coletivo, sendo mais simples e de fácil compreensão quando comparados a outros. Em razão dessa natureza, estão atraindo um público cada vez maior. Contudo, seu funcionamento não ocorreria de forma pacífica e produtiva se não existissem normas relativas à sua regulamentação, principalmente se considerarmos a quantidade de fundos existentes no mercado brasileiro registrados na CVM.

Os fundos de investimento são regulamentados pela Instrução n. 555, de 17 de dezembro de 2014, da CVM, que substituiu instruções anteriores (CVM, 2014). Vejamos a Figura 1.4, a seguir.

Figura 1.4 – Normas revogadas pela Instrução CVM n 555/2014

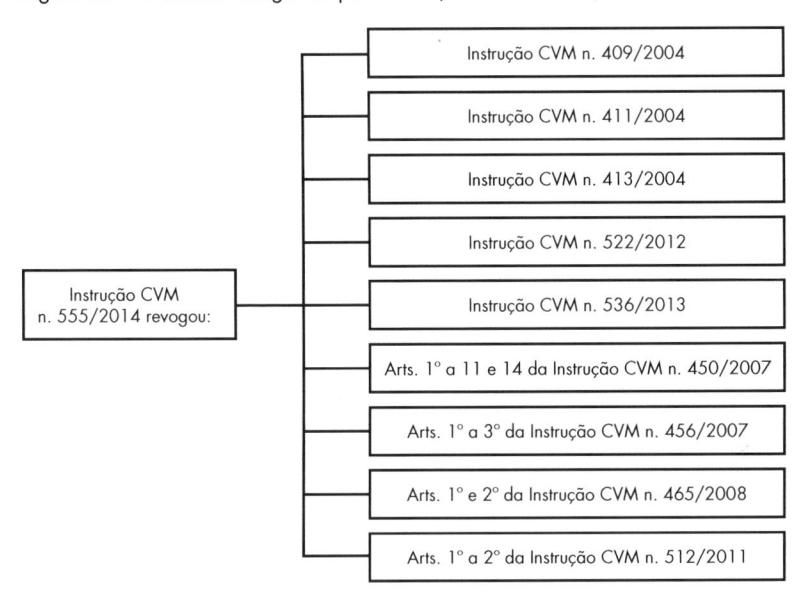

Instrução CVM n. 555/2014 revogou:
- Instrução CVM n. 409/2004
- Instrução CVM n. 411/2004
- Instrução CVM n. 413/2004
- Instrução CVM n. 522/2012
- Instrução CVM n. 536/2013
- Arts. 1º a 11 e 14 da Instrução CVM n. 450/2007
- Arts. 1º a 3º da Instrução CVM n. 456/2007
- Arts. 1º e 2º da Instrução CVM n. 465/2008
- Arts. 1º a 2º da Instrução CVM n. 512/2011

Fonte: Elaborado com base em Instrução CVM n., 2014.

Além da Instrução CVM n. 555/2014, existem outras instruções destinadas a regulamentar fundos de investimento mais específicos, como os fundos de investimento imobiliário, os fundos de investimento em direitos creditórios, os fundos de investimento em participações, entre outros.

Para saber mais

SILVEIRA, L. B. Novas instruções da CVM sobre fundos de investimento. **Western Asset**, jul. 2015. Disponível em:<https://www.westernasset.com.br/pt/pdfs/commentaries/201507_Market_Commentary.pdf>. Acesso em: 7 jul. 2021.

A Instrução n. 409, de 18 de agosto de 2004, da CVM era responsável por abordar determinações importantes sobre os fundos de investimento, contudo precisava passar por atualizações e complementações (CVM, 2004). Esse foi um dos motivos que impulsionou a entrada em vigor da Instrução CVM n. 555/2014. Esse texto de Luciana Barbosa Silveira aborda justamente essa questão.

A Instrução CVM n. 555/2014 é responsável por estabelecer as normas que devem ser seguidas por fundos de investimento em sua constituição, sua administração, seu funcionamento e sua divulgação das informações. Contudo, já existem normas posteriores a esta que implementam e acrescentam novas regras, como a Instrução n. 558, de 26 de março de 2015, da CVM, que merece destaque, pois fornece orientações sobre o exercício profissional da administração de carteiras de valores mobiliários (CVM, 2015).

Em razão disso, D'Agosto (2019) enfatiza que a Instrução CVM n. 555/2014 e a Instrução CVM n. 558/2015 são consideradas os pilares da regulamentação do mercado de gestão de recursos do país.

Um dos principais avanços implementados pela Instrução CVM n. 555/2014 diz respeito à atribuição de maior flexibilidade no desenvolvimento da atividade de gestão dos recursos. Foi responsável por simplificar e facilitar a adoção de estratégias de investimentos, tornando os fundos de investimento ainda mais acessíveis à população.

Além disso, a Instrução CVM n. 555/2014 possibilitou que ativos e investimentos externos passassem a ser associados aos fundos de investimento, atribuindo mais segurança às suas práticas.

A CVM também regulamenta os critérios para a cobrança de taxa de *performance*, os quais podem ser livremente pactuados. Assim, D'Agosto (2019) afirma que alguns dos principais pontos destacados pela Instrução CVM n. 555/2014 se relacionam aos gestores dos ativos, fundos que podem investir em qualquer ativo financeiro. Esses fundos devem ser divididos em quatro classes: renda fixa, ações, cambiais e multimercado. A instrução estabelece, ainda, uma classificação e uma nomenclatura das carteiras, cujos nomes devem refletir a política de investimento adotada.

Síntese

- Todo investimento apresenta riscos.
- Poupar e investir rendem ativos, mas são ações diferentes.
- Os fundos de investimentos são tipos de investimentos coletivos.
- Os fundos de investimentos, mesmo sendo mais simples do que a maior parte dos investimentos, ainda exigem conhecimentos básicos sobre o tema.
- O Brasil apresenta um vasto campo de legislações voltadas para a regulamentação dos fundos de investimento.
- A Instrução n. 555, de 17 de dezembro de 2014, da Comissão de Valores Mobiliários é responsável por regulamentar os fundos de investimento (CVM, 2014).

Fundos de investimento: classificação, vantagens e desvantagens

Conteúdos do capítulo

- Vantagens e desvantagens dos fundos de investimentos.
- Intervenientes nas operações de fundo de investimento.
- Fundos de renda fixa.
- Definição e características dos fundos de ação e de multimercado.
- Fundos de investimento estruturados.
- Regulamentação dos fundos de investimento estruturados.

Após o estudo deste capítulo, você será capaz de:

1. identificar as vantagens e as desvantagens dos fundos de investimento;
2. compreender o papel dos intervenientes perante o fundo de investimento;
3. reconhecer os aspectos gerais e específicos dos fundos de renda fixa;
4. definir os fundos de ação;
5. compreender os fundos multimercados;
6. entender os fundos de investimento estruturados;
7. analisar a regulamentação dos fundos estruturados.

capítulo 2

Os objetivos principais dos investimentos são a obtenção de renda e os ganhos financeiros por meio da destinação de um valor específico. Assim, os investimentos são comumente associados à obtenção e à manutenção de uma vida financeira tranquila, possibilitando a realização de sonhos e de vários objetivos, uma vez que resultariam no aumento do patrimônio pessoal e familiar dos investidores.

É importante, contudo, ressaltar que os investimentos são capazes de proporcionar vantagens e desvantagens para os investidores. Essa é uma realidade que se estende para os investimentos de fundo. Embora estes sejam mais simples e básicos, ainda são necessários cuidado e atenção, porque também são capazes de gerar tanto benefícios quanto malefícios.

Assinalamos, no capítulo anterior, que os fundos de investimento podem atingir um grande número de investidores, envolvendo e agradando a diversos perfis. Por conta disso, trata-se de uma opção mais viável para as pessoas que não detêm tanto conhecimento sobre o assunto, já que investidores mais experientes, geralmente, optam por fundos mais sofisticados e complexos pertencentes à lógica do mercado financeiro.

Em razão desses fatores, ao longo deste capítulo vamos abordar mais uma série de detalhes dos fundos de investimentos, destacando as respectivas tipificações e características. Também evidenciaremos que nem sempre esses fundos são incumbidos de beneficiar e conferir vantagens e aspectos positivos para os investidores que optam por eles.

2.1 Vantagens e desvantagens dos fundos de investimento

Conforme o *Dicionário Online de Português*, *vantagem* significa aquilo que é visto como primazia ou excelência, a palavra também pode estar associada à ideia de algo ou alguém que está em primeiro ou na dianteira (Vantagem, 2021). Além disso, é possível enquadrar *vantagem* como algo que é superior ou atribui privilégios a uma pessoa ou grupo, sendo os demais excluídos desses benefícios.

Em contrapartida, as desvantagens estão atreladas às coisas ou às pessoas que não se encontram em situações privilegiadas, que não são consideradas excelentes ou incumbidas de alcançar resultados positivos. Logo, as desvantagens estão associadas a barreiras, problemas e obstáculos que precisam ser vencidos e encarados de frente.

Os fundos de investimento são realizados em conjunto e são uma opção que agrada uma variedade de investidores, sendo mais rentáveis e mais produtivos do que as poupanças. Por isso, são voltados para aqueles que querem adentrar de forma mais especializada e aprofundada nos investimentos. Contudo, não são adequados para clientes e investidores avançados, já que estes buscam opções mais sofisticadas relativas ao mercado financeiro.

Conhecer as vantagens e desvantagens dos fundos de investimento permite entender o que torna determinado fundo a melhor opção e para que tipo de público ele se direciona, tendo em vista seu potencial de ampliar a obtenção de resultados e seu sucesso nas respostas aos investimentos.

2.1.1 Vantagens dos fundos de investimento

Considerando que, por serem de aplicação comum, faz parte da natureza dos fundos de investimento o fato de os investidores terem os mesmos objetivos – a obtenção de lucros e os ganhos financeiros –, a primeira vantagem a ser mencionada é sua **capacidade de facilitar a diversificação**. Assim, na opção por esses fundos, os investidores têm acesso a carteiras de investimento mais diversificadas.

O que é?

Conforme o *Dicionário Online de Português*, a palavra *diversificado* significa algo variado, ou seja, que apresenta variedade, podendo também ser compreendida como algo que passou por uma transformação ou mudança que o diferenciou ou alterou (Diversificado, 2021). Do ponto de vista econômico, a **diversificação** está atrelada à ideia de variedade, sendo, por isso, uma prática recomendada. Isso porque, se o investidor "apostar todas as suas fichas" em um mercado ou em uma ação em específico, terá de lidar com mais riscos e mais chances de perder o investimento efetuado. Quanto mais diversificado, ou seja, variado é seu investimento, mais os riscos são reduzidos, já que, se acontecer algo em âmbito global, todas as ações serão afetadas negativamente.

Os fundos de investimento têm carteiras compostas por uma variedade significativa de ativos financeiros. Todavia, estas não são compostas nem desenvolvidas de qualquer maneira, havendo limitações quanto ao desempenho de suas funções, porque a alocação dos ativos destinados às carteiras precisa seguir os limites impostos na categoria de fundos.

A diversidade de carteiras abre muitas portas para os investidores dos fundos de investimento. Assim, de acordo com Garcia (2020), o acesso aos mercados exóticos e diferenciados é garantido, pois os fundos de investimento colocam o investidor ao alcance de qualquer tipo de mercado, fornecendo uma gama de possibilidades e ampliando os ambientes em que as estratégias podem ser aplicadas.

A segunda relaciona-se ao fato de que, nos fundos de investimento, **é possível aplicar mesmo com poucos recursos**. Muitos acreditam que só podem ser investidores aqueles que têm quantidades e somas pecuniárias elevadas, por isso, há o mito de que pessoas com baixa condição socioeconômica não podem participar do mercado financeiro. Embora os fundos de investimento, em regra, apresentem um valor mínimo para que o primeiro investimento seja efetuado e valores mínimos de manutenção periódica, estes não precisam ser elevados. Isso possibilita, para as pessoas com poucos recursos, uma chance de investir e, consequentemente, o acesso a carteiras diversificadas e a produtos financeiros sofisticados.

Diante disso, podemos afirmar que os fundos de investimento apresentam poucas barreiras de entrada. Trata-se de uma vantagem interessante, principalmente se o fundo for confrontado com outros tipos de investimento que, além de exigirem conhecimento mais aprofundado sobre o mercado financeiro, necessitam de valores mais altos para que tenham mais chances de promover retorno financeiro aos investidores. Por conta disso, surge o mito de que o setor de investimentos não é para qualquer pessoa, e sim apenas para aquelas com amplo conhecimento sobre o setor econômico, o mercado e o âmbito financeiro.

As duas vantagens apresentadas já permitem constatarmos o quanto os fundos de investimento podem ser benéficos. A elas soma-se o fato de que **os fundos de investimento possibilitam o acesso a uma gestão profissional da carteira de investimentos**. Essa vantagem está associada às tarefas e às atividades desempenhadas pelos gestores – os principais responsáveis por decidir quais são os ativos aplicados nos fundos –, por isso é de suma importância que sejam profissionais qualificados e especializados.

O papel do gestor ganha destaque quando se trata dos fundos de investimento, pois, como assinalamos, aquelas pessoas que decidem investir nesse âmbito são cidadãos comuns que desejam ampliar suas finanças e que precisam saber ao menos o básico sobre esse assunto, mas não têm interesse nem tempo para compreender a fundo o mercado econômico e financeiro. Diante disso, a maior parte das pessoas que investem nesses fundos têm outras profissões, interesses e objetivos alheios aos investimentos.

Nesse cenário, os gestores estão incumbidos da montagem das carteiras, englobando os produtos simples e complexos, que, se dependessem do conhecimento dos pequenos investidores, não seriam escolhidos da maneira correta. Isso porque, muitas vezes, esses assuntos não são considerados acessíveis às pessoas comuns, que não são dotadas de conhecimentos amplos e profundos acerca do momento e das conjunturas econômicas do Brasil e do mundo.

A vantagem relativa à gestão profissional acaba ensejando outra que também merece ser destacada. Vivemos em uma realidade na qual precisamos encaixar um número cada vez maior de atividades e obrigações em nosso cotidiano, já que a celeridade importa e a máxima "tempo é dinheiro", a cada dia, faz mais sentido. Assim, a delegação de funções é importante para que consigamos atender às demandas e atingir nossos objetivos, economizando **tempo**.

Se o investidor fosse responsável pela compra e pela venda de ações, bem como por acompanhá-las, seria necessário que destinasse uma parcela de tempo considerável para essas funções. Contudo, como mencionamos, os investidores que optam pelos fundos de investimento raramente desejam fazer dos investimentos uma carreira ou um aprendizado específico. Por isso, o gestor profissional precisa ser escolhido com cuidado.

Outra vantagem que merece ser destacada é relativa à **diluição de custos** e ao **pagamento de impostos**. Considerando que os fundos de investimento apresentam uma natureza coletiva, seus custos e gastos não recaem apenas sobre um dos investidores; pelo contrário, são divididos entre todos os envolvidos. Além disso, os custos relativos ao desempenho da função do gestor são devidamente rateados entre os cotistas. Assim, se o patrimônio do fundo cresce, seus fundos também aumentam, porém em uma proporção inferior, o que resulta em uma cobrança em escala das taxas.

No que se refere aos impostos, quando for o caso, o pagamento ocorre diretamente na fonte dos fundos de investimento. Assim, trata-se de uma preocupação a menos para o investidor, já que os impostos são recolhidos diretamente do patrimônio dos fundos, o que diminui as chances de problemas tributários futuros.

Os fundos de investimentos não são conhecidos por sua complexidade; pelo contrário, são caracterizados pela simplicidade e pela facilidade de compreensão. Assim, segundo Garcia (2020), os fundos de investimento apresentam um **acompanhamento fácil**, já que os valores de liquidez são atualizados diariamente, favorecendo o conhecimento do valor real das posições e o respectivo comportamento. Além disso, atualmente, existem ferramentas, como índices, que efetuam os cálculos relativos às folhas de avaliação dos fundos.

Esses aspectos fornecem tranquilidade aos investidores, que concebem o mercado de forma simples e acessível. Isso configura outra vantagem, já que a **transparência** e a **segurança** são fundamentais para que os investimentos ocorram da maneira que se deseja, pois é normal que os investidores tenham medo quanto à aplicação de suas finanças, principalmente tendo em vista os riscos naturalmente implicados nas operações.

As estratégias a serem utilizadas têm importância em âmbito que extrapola os investimentos e envolve o mercado econômico como um todo. Assim, elas estão vinculadas à diversidade dos fundos de investimento, visto que é necessário escolher aquele em que os investimentos serão efetuados de forma preponderante, a fim de que as estratégias possam ser elaboradas e, posteriormente, funcionem de maneira ampla. De acordo com Garcia (2020), elas precisam ser definidas na vocação do investimento, devendo ser respeitadas tanto pela empresa gestora dos fundos quanto pelo gestor profissional.

A Figura 2.1 apresenta as principais vantagens dos fundos de investimento de forma resumida.

Figura 2.1 – Vantagens dos fundos de investimento

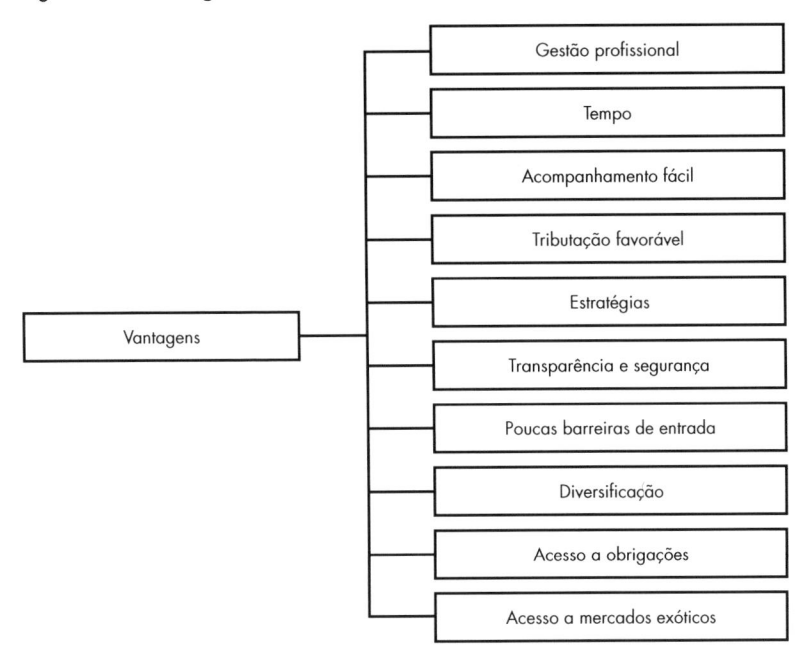

```
                    ┌── Gestão profissional
                    ├── Tempo
                    ├── Acompanhamento fácil
                    ├── Tributação favorável
                    ├── Estratégias
   Vantagens ───────┤
                    ├── Transparência e segurança
                    ├── Poucas barreiras de entrada
                    ├── Diversificação
                    ├── Acesso a obrigações
                    └── Acesso a mercados exóticos
```

Fonte: Elaborado com base em Garcia, 2020.

Diante das vantagens apresentadas, podemos verificar que os fundos de investimentos são uma forma interessante e positiva de gerar a diversificação dos investimentos, mesmo quando o investidor não é conhecedor do mercado financeiro. Isso porque, por meio deles, é possível investir em vários tipos de mercado e, ao mesmo tempo, não desembolsar elevadas quantias de dinheiro.

Exercício resolvido

Os fundos de investimento são entendidos como fundos coletivos mais simples, que tornam possível o acesso de pessoas comuns ao mercado financeiro e ao setor de investimentos, mesmo que só detenham conhecimento básico sobre o tema. Considerando que os fundos de investimento fornecem diversas vantagens a seus cotistas, assinale a alternativa correta a respeito do assunto:

a. A diversificação está relacionada ao fato de os fundos de investimento serem geridos por uma equipe de profissionais qualificados e com amplos conhecimentos sobre o tema e sobre o setor.
b. O papel desempenhado pelo gestor profissional não é responsável por gerar a economia de tempo do investidor, já que este ainda precisa comprar ações, bem como seguir e analisar cada um dos ativos adquiridos.
c. Os fundos de investimentos podem ser facilmente acompanhados, tendo em vista que atualizam seus valores de liquidez diariamente, o que torna possível saber o valor real de suas posições e de seus comportamentos.
d. A diversificação dos fundos de investimento torna impossível que o investidor acesse mercados exóticos e diferenciados, já que esses fundos o distanciam de vários tipos de mercado.

Gabarito: c

Comentário: A alternativa *a* está incorreta, pois refere-se ao papel desempenhado pelos gestores profissionais, e não pela diversificação. Por sua vez, a alternativa *b* também não está correta, já que as funções desempenhadas pelos gestores profissionais economizam o tempo dos investidores. E a alternativa *d* não deve ser assinalada, porque a diversificação associada aos fundos de investimento dá acesso aos mercados exóticos, colocando ao alcance do investidor qualquer tipo de mercado.

No entanto, mesmo com as facilidades e as vantagens decorrentes dos fundos de investimento, ainda é preciso que as pessoas que optem por eles tenham consciência acerca da escolha que estão efetuando, bem como das consequências que podem decorrer dela. Isso porque, além dos benefícios, alguns prejuízos podem ser gerados, a depender das escolhas e das características naturais atreladas aos fundos de investimento. Em razão disso, na seção a seguir, analisaremos as principais desvantagens dos fundos de investimento.

2.1.2 Desvantagens dos fundos de investimento

Assim como é importante analisar as vantagens dos fundos de investimentos, é imprescindível ter em mente que eles não proporcionam apenas benefícios. Por isso, alguns cuidados precisam ser tomados, âmbito em que adentram as desvantagens dos fundos de investimento, que estão esquematizadas na Figura 2.2, a seguir.

Figura 2.2 – Desvantagens dos fundos de investimento

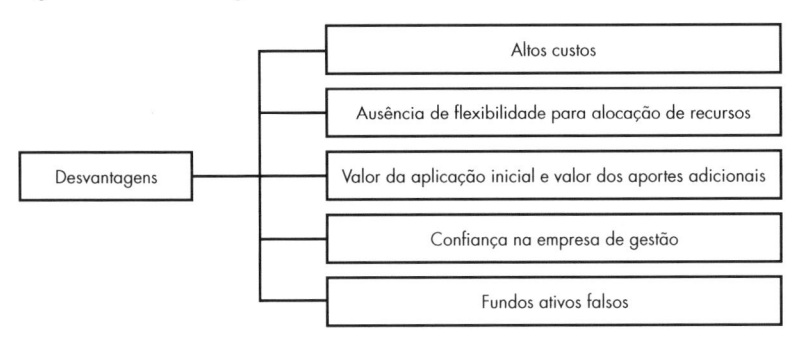

```
Desvantagens ─┬─ Altos custos
              ├─ Ausência de flexibilidade para alocação de recursos
              ├─ Valor da aplicação inicial e valor dos aportes adicionais
              ├─ Confiança na empresa de gestão
              └─ Fundos ativos falsos
```

Fonte: Elaborado com base em Garcia, 2020.

Ainda que os **custos do investimento** sejam rateados entre os cotistas, Garcia (2020) vê isso como uma desvantagem, uma vez que os fundos de investimento têm vários custos a serem considerados. Cada um deles precisa ser devidamente valorizado, principalmente os custos finais embasados em despesas correntes.

Para que os fundos de investimento funcionem, é necessário que uma série de custos seja aplicada. Contudo, em alguns casos, mesmo com os altos custos, vale a pena aplicar nesse tipo de investimento. São exemplos as taxas de administração cobradas pelos fundos, as quais objetivam cobrir os gastos relativos à prestação de serviços do administrador, do gestor e de outras instituições. Já a taxa de *performance* se relaciona com a rentabilidade do fundo, sendo cobrada apenas pelo indexador. Importa ainda mencionar que as despesas, em geral, aumentam os custos dos fundos de investimento.

A segunda desvantagem que merece destaque é a **ausência de flexibilidade para alocação dos recursos**. Tendo em vista que, no âmbito dos fundos de investimento, não existe a possibilidade de escolher em quais ativos específicos os investimentos são efetuados, ou seja, há diversidade, o investidor não pode, de forma fácil, optar por ativos específicos da carteira.

Outra desvantagem refere-se ao **valor da aplicação inicial** e ao **valor dos aportes adicionais**. Como mencionamos, o fundo de investimento precisa de um valor mínimo em sua aplicação inicial, bem como nas posteriores. Ainda que esse valor baixo seja também considerado uma vantagem, são necessários aportes maiores para que se alcance um resultado satisfatório a curto e/ou médio prazos. Isso porque, quando os investimentos são muito baixos, acabam anulados pelas taxas e pelos custos, que, como salientamos, não são tão baixos.

Garcia (2020) apresenta ainda outras desvantagens quanto aos fundos de investimento, com destaque para as penalizações dos movimentos, tendo em vista que seus objetivos consistem em canalizar a poupança a longo prazo, já que esta não é produto para negociação.

A **confiança na empresa de gestão** também é um ponto-chave, visto que o público depende do sistema bancário tradicional, mas a precisão não é sinônimo de confiança. Por isso, é necessário que os investidores tenham a mente aberta para negociar com as empresas de gestão.

Garcia (2020) ainda elucida que os **fundos ativos falsos** representam um dos maiores riscos para os investidores, pois dizem respeito a questões ligadas aos erros. Por isso, é necessário que análises sejam feitas antes do ingresso em um fundo de investimento.

Assim, quando vamos escolher o campo em que aplicaremos nossos investimentos, devemos estar cientes tanto das vantagens quanto das desvantagens implicadas, pois, assim, podemos colocá-las em uma balança a fim de tomar a decisão mais atrativa ao alcance de nossos objetivos. Os fundos de investimento são ótimas opções de aplicação financeira, desde que sejam adequados ao perfil de cada investidor e estejam de acordo com as finalidades almejadas.

Exercício resolvido

Os fundos de investimentos têm destaque por suas facilidades e simplicidades, contudo, não só de vantagens eles são compostos, eis que existem obstáculos a serem vencidos por seus investidores. Assinale a alternativa correta acerca das desvantagens dos fundos de investimento:

a. Os custos de investimento são sempre baixos quando se trata dos fundos de investimento, por isso seus gastos não devem ser entendidos como uma desvantagem.

b. Os fundos ativos falsos são um dos maiores riscos a que os investidores estão expostos, pois envolvem questões ligadas aos erros. Por isso, é necessário que análises sejam realizadas antes do ingresso no investimento.

c. A ausência de flexibilidade para alocação dos recursos refere-se aos custos e aos investimentos que precisam ser feitos nos fundos de investimento, não tendo relação com a escolha dos ativos específicos.

d. O valor da aplicação inicial e o valor dos aportes adicionais não são desvantagens, mas sim vantagens a serem aplicadas nos fundos de investimento.

Gabarito: b

Comentário: A alternativa *a* está incorreta, pois os custos não são baixos. Já a alternativa *c* desconsidera que a ausência de flexibilidade para alocação dos recursos remete à imobilidade e à dificuldade de os investidores optarem pelo ativo específico a ser abordado. Por sua vez, a alternativa *d* está errada, já que o valor da aplicação inicial e o valor dos aportes adicionais caracterizam desvantagens dos fundos de investimentos, por seu teor prático.

É irreal imaginar que há um investimento marcado apenas por aspectos positivos. Assim, as desvantagens chegam até mesmo a cumprir um papel essencial nas escolhas relativas aos tipos e às estratégias dos fundos de investimento.

2.2 Fundos de renda fixa

No primeiro capítulo, listamos os principais tipos de fundo de investimento, sem, contudo, detalharmos cada um deles. Verificamos também que, em conformidade com a Instrução n. 555, de 17 de dezembro de 2014, da Comissão de Valores Mobiliários (CVM, 2014), o fundo de investimento pode apresentar quatro classificações, que levam em conta a composição da carteira do investidor: (a) fundos de renda fixa; (b) fundos de ações; (c) fundos multimercado; e (d) fundos cambiais. Há, ainda, uma categoria extra denominada *fundos de fundos*.

Nesse sentido, analisaremos primeiro os fundos de renda fixa, caracterizados, principalmente, pelos tipos de investimento realizados e por seu fator de risco. Conforme o *Portal do Investidor* (Fundos..., 2021), os fundos em questão apresentam como principal fator de risco na carteira a variação da taxa de juros, ou de índice de preços, ou ambos. Diante disso, é necessário que pelo menos 80% da carteira de investimentos sejam direcionados aos ativos relacionados a esses fatores de risco. Alguns exemplos de fundos de renda fixa são os **títulos públicos federais**, as **debêntures** e os **títulos de emissão bancária**.

Segundo Mallmann (2020), os fundos de renda fixa propiciam aos rendimentos maior previsibilidade e constância, sendo acompanhados por taxas de juros do mercado e pelos principais índices de inflação. Por meio do investimento nesse tipo de fundo, o investidor passa a ter uma "quota", que envolve todas as aplicações destinadas aos diversos tipos de investimento, tendo como objetivo maximizar os rendimentos com maior previsibilidade.

Desse modo, os fundos de renda fixa consistem em uma forma de empréstimo de dinheiro que se materializa na compra dos títulos em troca do recebimento de juros no futuro. As operações são as responsáveis por garantir o retorno que os fundos promovem a seus investidores, e a inclusão na carteira de títulos pode gerar maior risco de crédito, na medida em que os derivativos são utilizados com o intuito de gerar proteção aos investimentos.

Os fundos de investimento de renda fixa têm suas regras de remuneração definidas no momento de sua aplicação, podendo ser aplicados em ativos de renda fixa, títulos tanto públicos quanto privados. O maior desafio e o risco dos fundos de investimento referem-se à variação da Selic, que pode ser compreendida como uma taxa básica de juros da economia brasileira, e ao Índice de Preços ao Consumidor Amplo (IPCA), a inflação oficial do Brasil.

O que é?

A **taxa Selic** é a taxa básica de juros da economia brasileira, responsável por influenciar todas as demais taxas de juros no país, como aquelas cobradas sobre empréstimos e financiamentos, que fazem parte do cotidiano de muitas pessoas. Assim, a taxa Selic pode impactar as negociações que envolvam juros. Já o **IPCA** é o índice oficial do Governo Federal para aferição das metas inflacionárias que são contratadas com o Fundo Monetário Internacional (FMI).

De acordo com Mallmann (2020), os fundos de renda fixa são dotados de menor volatilidade em relação aos demais fundos de investimento. Em razão de suas características, são entendidos como potencialmente mais compatíveis com o público de natureza conservadora, mas podem ser usados por qualquer tipo de investidor, já que contam com o aspecto da diversidade.

Mallmann (2020) apresenta, ainda, quais são os tipos de fundos de renda fixa, seguindo a classificação fixada, originalmente, pela Associação Brasileira das Entidades dos Mercados Financeiro e de Capitais (Anbima), que considera três níveis distintos:

- **Primeiro nível**: refere-se à classe dos ativos.
- **Segundo nível**: diz respeito ao tipo de gestão e riscos.
- **Terceiro nível**: associa-se às principais estratégias que podem ser aplicadas perante os fundos de renda fixa.

Além disso, os fundos de renda fixa são classificados em renda fixa simples, renda simples indexada, renda fixa ativa e investimento exterior.

Os fundos de **renda fixa simples** são aqueles cujas características e especificidades são definidas conforme as disposições do art. 113 da Instrução CVM n. 555/2014:

> Art. 113. O fundo classificado como "Renda Fixa" que atenda às condições abaixo deve incluir, à sua denominação, o sufixo "Simples":
>
> I – tenha 95% (noventa e cinco por cento), no mínimo, de seu patrimônio líquido representado, isolada ou cumulativamente, por:
>
> a) títulos da dívida pública federal;
>
> b) títulos de renda fixa de emissão ou coobrigação de instituições financeiras que possuam classificação de risco atribuída pelo gestor, no mínimo, equivalente àqueles atribuídos aos títulos da dívida pública federal;
>
> c) operações compromissadas lastreadas em títulos da dívida pública federal ou em títulos de responsabilidade, emissão ou coobrigação de instituições autorizadas a funcionar pelo Banco Central do Brasil, desde que, na hipótese de lastro em títulos de responsabilidade de pessoas de direito privado, a instituição financeira contraparte do fundo na operação possua classificação de risco atribuída pelo gestor, no mínimo, equivalente àquela atribuída aos títulos da dívida pública federal;
>
> II – realize operações com derivativos exclusivamente para fins de proteção da carteira (hedge);
>
> III – se constitua sob a forma de condomínio aberto; e
>
> IV – preveja, em seu regulamento, que todos os documentos e informações a eles relacionados sejam disponibilizados aos cotistas preferencialmente por meios eletrônicos.
>
> § 1º Fica vedado ao fundo de que trata o caput:
>
> I – a cobrança de taxa de performance, mesmo quando o fundo atenda ao disposto no § 1º do art. 108;
>
> II – a realização de investimentos no exterior;
>
> III – a concentração em créditos privados na forma do art. 118;
>
> IV – a transformação do fundo em fundo fechado; e
>
> V – qualquer transformação ou mudança de classificação do fundo.

§ 2º A lâmina de informações essenciais do fundo de que trata o caput deve comparar a performance do fundo com a performance da taxa Selic.

§ 3º O gestor de fundo de que trata o caput deve adotar estratégia de investimento que proteja o fundo de riscos de perdas e volatilidade.

§ 4º O ingresso no fundo de que trata o caput fica dispensado:

I – da assinatura do termo de adesão referido no art. 25; e

II – da verificação da adequação do investimento no fundo ao perfil do cliente, na forma da regulamentação específica sobre o assunto, na hipótese de o investidor não possuir outros investimentos no mercado de capitais. (CVM, 2014)

Assim, as principais disposições acerca da renda fixa simples referem-se à necessidade mínima de que 95% da carteira sejam compostos por títulos públicos ou por títulos privados dotados do mesmo grau de risco. Os fundos de renda fixa simples precisam ser constituídos como abertos, e a divulgação das informações e dos documentos deve ser feita, predominantemente, por meios eletrônicos.

Esse tipo de fundo foi criado com o objetivo principal de fornecer à população comum uma alternativa de investimentos simples, caracterizados por segurança e baixos custos, que colaboram para a elevação da taxa de poupança no país, envolvendo o acesso ao mercado de capitais. Assim, como uma forma de facilitar e, até mesmo, estimular o investimento nesse tipo de renda fixa, a assinatura do termo de adesão, na ciência do risco e da verificação da adequação do investimento do fundo ao perfil do cliente, é dispensada nos casos em que o investidor não apresenta outros tipos de investimentos no âmbito dos mercados de capitais, por ser considerado de baixo risco e de fácil acesso.

Já as **rendas fixas indexadas** têm como objetivo principal as variações de indicadores de referência do mercado de renda fixa, tendo em vista que os fundos são classificados em conformidade com o índice de referência escolhido.

Os fundos de **renda fixa ativos** não se enquadram em nenhuma das duas modalidades apresentadas anteriormente e são classificados em dois parâmetros. O primeiro é baseado na duração média ponderada da carteira, e o segundo, no risco de crédito dos títulos.

No que se refere ao primeiro parâmetro, Mallmann (2020) estabelece que os títulos estão expostos às oscilações nas taxas de juros, assim a **duração baixa** caracteriza os fundos cuja duração média ponderada dos títulos da carteira é inferior a 21 dias, tendo pouca exposição às oscilações nas taxas de juros. Já a **duração média** é inferior ou igual à do índice da Anbima, que tem como base os títulos públicos federais prefixados, apurados no último dia útil de junho, envolvendo a exposição limitada às oscilações nas taxas de juros. São classificados como de **duração alta** os fundos cuja duração média ponderada dos títulos da carteira é igual ou superior à do índice da Anbima, levando em consideração a base em todos os títulos públicos federais. Por fim, a **duração livre** é voltada para as exigências de limites mínimos ou máximos para a duração da carteira.

Com relação ao segundo parâmetro, isto é, o risco de crédito dos títulos, os fundos de renda fixa ativos dividem-se em três classificações: (a) soberano; (b) grau de investimento; e (c) crédito livre (Mallmann, 2020).

São **soberanos** os fundos em que 100% da carteira é composta por títulos públicos federais, que estão mais seguros no mercado. Na classificação relativa ao **grau de investimento** enquadram-se os fundos em que, no mínimo, 80% da carteira é composta por títulos públicos federais ou títulos de grau de risco equivalente ao deles. Já **crédito livre** é a designação para os fundos que investem mais de 20% em ativos de médio e alto riscos de crédito (Mallmann, 2020).

No entanto, essas classificações não englobam todos os tipos de renda fixa existentes, porque há, ainda, aquelas que têm uma classificação independente. Além disso, existem fundos de renda atrelados ao **investimento exterior**, que "investem mais de 40% do patrimônio líquido em ativos financeiros no exterior" (Mallmann, 2020). Por sua vez, há fundos com um "mínimo de 80% do patrimônio líquido em títulos representativos da **dívida externa**" (Mallmann, 2020, grifo nosso).

É importante mencionar que a **renda fixa de curto prazo** recebe essa nomenclatura em razão do prazo de vencimento dos títulos que compõem sua carteira, sendo necessária a obediência ao prazo máximo de 375 dias e ao médio inferior a 60 dias. Já a **renda fixa referenciada** volta-se para a variação de determinado indicador de referência definido em seu objetivo, que pode ser um índice de mercado ou uma taxa de juros.

Assim, é necessário ter em mente que os fundos de renda fixa apresentam algumas vantagens em comum com aquelas apresentadas para os fundos de investimento de forma geral, especialmente porque o investimento inicial exigido, em regra, é baixo.

Figura 2.3 – Vantagens dos fundos de renda fixa

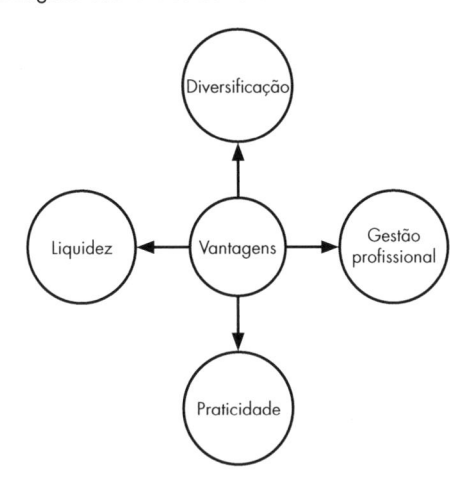

```
                    Diversificação
                          ↑
        Liquidez ← Vantagens → Gestão profissional
                          ↓
                    Praticidade
```

Fonte: Elaborado com base em Malmann, 2015.

Conforme destacamos, a **diversificação** é uma característica natural dos fundos de investimento, já que os papéis distintos envolvem uma variedade de prazos de pagamento, taxas acordadas e emissores. Já nas hipóteses em que os investidores individuais atuam, as possibilidades acabam sendo limitadas, considerando os riscos e as necessidades de aporte inicial que cada papel apresenta. Assim, a diversificação é responsável por dirimir parte significativa dos riscos presentes caso os investidores atuem de forma individualizada.

Para saber mais

OLIVEIRA, I. Selic a 2%: os 15 fundos de renda fixa com o melhor retorno. **Estadão**, 5 ago. 2020. E-investidor. Disponível em: <https://einvestidor.estadao.com.br/investimentos/melhores-fundos-renda-fixa-selic-baixa>. Acesso em: 7 jul. 2021.

Essa matéria publicada pelo *Estadão* apresenta as projeções para as aplicações com os melhores retornos no acumulado do ano, sendo descontada a meta de inflação para 2020. Leia o artigo e compreenda os fundos de renda fixa em um cenário prático.

Quanto à **gestão profissional**, os gestores de fundos devem promover melhorias na *performance* e no rendimento dos investimentos em renda fixa. Já a **praticidade** relaciona-se tanto à diversificação quanto ao desempenho da função dos gestores profissionais, que, combinados, facilitam e simplificam o acompanhamento e a colheita de informações dos rendimentos. Por fim, a **liquidez diária** envolve a possibilidade de solicitar resgates ou de receber finanças diariamente, de modo que os fundos de renda fixa podem ser compreendidos como formas de reserva de emergência.

2.3 Fundos de ações

Os fundos de ações negociados na Bolsa de Valores apresentam características mais variáveis do que os de renda fixa, tendo em vista sua carteira de ativos investidos em rendas variáveis. Nesse sentido, o principal fator de risco fica a critério da variação de preços dos papéis. Assim, esse tipo de investimento envolve a execução de estratégias de direcionamento dos recursos, de modo que também apresenta mais segurança em comparação às maneiras de aplicar as finanças de forma individual.

Em síntese, o fundo de ações pode ser compreendido como uma carteira de ativos da renda variável, como **ações à vista**, **certificados de depósito de ações**, **cotas de fundos de índices de ações** e **recibos de subscrição**.

Considerando as disposições da Anbima, os fundos de ações devem apresentar pelo menos 67% do patrimônio alocados em investimentos. Dessa forma, seu funcionamento assemelha-se ao dos condomínios, sendo que todos os custos e benefícios precisam ser divididos de forma igualitária entre os cotistas responsáveis por contribuir com os investimentos. Ao investir nesse tipo de fundo, o valor desejado e o rendimento total consistem no desempenho dos ativos, devendo ser considerados os custos referentes aos investimentos para que o desempenho possa ser apreciado em sua integralidade.

Da mesma maneira que os fundos de renda fixa apresentam uma tipificação específica, os fundos de ações também têm uma classificação relativa às suas características e categorias, que levam em conta as disposições e as determinações da CVM. Desse modo, podem ser classificados quanto à gestão e à estratégia.

Figura 2.4 – Fundos de ações

```
        Fundos de ações
         /        \
      Gestão    Estratégia
```

Em termos de **gestão**, a classificação divide-se em:

- **Gestão ativa**: consiste na superação dos índices de referência, não tendo por base um indicador referencial.
- **Gestão passiva**: tem como finalidade principal replicar o comportamento dos índices de referência da renda variável, como o Bovespa e/ou *Small Caps*.

A gestão ativa apresenta subdivisões baseadas na **estratégia**. Uma delas está relacionada ao **valor/crescimento**, compondo as carteiras com base no potencial de crescimento da empresa. Já os **fundos setoriais** consideram ativos que pertencem, principalmente, ao mesmo setor de atuação ou a um conjunto de setores interligados. Os **dividendos** englobam a estratégia direcionada para a geração de renda. Por sua vez, o *small caps* refere-se a uma composição com 85% dos ativos emitidos por empresas que estão fora do índice IBrX, ao passo que os demais 15% podem ser direcionados às ações de companhias de maior capitalização. A **sustentabilidade**, também denominada *governança*, caracteriza-se pela concentração dos ativos em empresas bem gerenciadas com iniciativas direcionadas à responsabilidade social e à sustentabilidade do negócio a longo prazo. Os **índices ativos** concernem às carteiras com índices de referencial de desempenho. Há, ainda, aquelas sem estratégias definidas, tal que as atividades e as alocações não apresentam especificidades no regulamento.

> Pergunta & resposta
>
> **Qual é a diferença entre fundo de ações e ações?**
> As pessoas que compram ações se responsabilizam pela gestão de seus próprios investimentos. Já os fundos de ações não são geridos diretamente pelos investidores, uma vez que existe um gestor profissional para tomar decisões. Além disso, as ações podem ter um caráter individual, e os fundos de ações são coletivos.

Vale salientar que os fundos de ações classificados como **específicos** são aqueles que não estão totalmente alinhados com as disposições presentes nos regulamentos utilizados pelos fundos inseridos no mercado nacional. Podem ser divididos em **fundos fechados** e **fundos de mono ação**. Os primeiros contêm carteiras regulamentadas e de condomínio fechado, portanto não estão disponíveis para a compra no mercado financeiro. O segundo tipo inclui aqueles que se referem à totalidade de patrimônios alocados nos ativos da empresa.

Os fundos de ações também se referem ao **investimento no exterior**. Para que sejam assim classificados, é necessário que tenham, pelo menos, 40% de seu patrimônio destinados a ativos de capital estrangeiro.

As principais vantagens desse tipo de investimento são os maiores potenciais de retorno se comparados aos demais investimentos e a facilidade em realizar compras e vendas. Além disso, esses fundos são incumbidos do pagamento dos dividendos, o que conta como ponto positivo quanto à resolução das rendas passivas.

Para saber mais

DAU, G. 9 fundos de ações com melhores rendimentos. **Jornal Contábil**, 4 jul. 2020. Disponível em: <https://www.jornalcontabil.com.br/9-fundos-de-acoes-com-melhores-rendimentos/>. Acesso em: 7 jul. 2021.

Para compreender melhor e de forma prática os fundos de ações, sugerimos a leitura do material ora indicado. Lembre-se de que a escolha de um fundo de investimento é um aspecto importante para a obtenção de lucros e rendimentos positivos, bem como para diminuir os riscos a que os investidores estão expostos.

Por outro lado, há aspectos negativos na escolha pelos fundos de ações: a volatilidade pode provocar oscilações profundas no âmbito dos ativos do fundo; não há retorno garantido relativo ao investimento; os investidores desses fundos são os últimos a receber seus pagamentos nas situações em que as empresas entram em falência. Além disso, vale salientar sua baixa liquidez, o que gera maior tempo de espera na obtenção de rendimentos.

2.4 Fundos multimercados

Assim como os fundos de renda fixa e os fundos de ações, os **fundos multimercados** são uma categoria dos fundos de investimento, por isso, em geral, também são dirigidos para pessoas diferentes, obedece a políticas predeterminadas e apresenta a vantagem da diversificação.

Os fundos de investimento multimercados são classificados de acordo com os **riscos** que apresentam, sendo divididos em **conservadores, moderados** e **agressivos**. Os primeiros apresentam maior índice de raridade, e os últimos aparecem com mais frequência. Esse tipo de investimento tem maior probabilidade de riscos agressivos do que os fundos de renda fixa, porém é menos arriscado do que os fundos de ações e de câmbio.

Um ponto interessante dos fundos de multimercado e que consiste em uma diferença se comparado aos demais é que estes não seguem as mesmas regras de outros fundos limitados a dada categoria. Em outras palavras, eles são incumbidos de misturar classes de investimento. Em decorrência disso, podem apresentar maior rentabilidade e mais oportunidades de controle dos riscos a que estão expostos, já que, em um único produto, reúnem uma variedade de ativos.

Assim, a política de investimento aplicada e presente no âmbito dos fundos multimercados envolve um conjunto de fatores de risco, não havendo compromisso em destinar uma concentração específica para eles. Suas especificidades possibilitam que sejam aplicados em diferentes mercados e utilizados com a intenção de alavancar os derivativos ou gerar proteção para a carteira. Também são responsáveis por fornecer maior liberdade de gestão e por procurar fornecer aos investidores rendimentos cada vez mais altos quando as aplicações forem conservadoras.

Apesar de se diferenciarem dos demais fundos de investimento, os fundos multimercados apresentam alguns traços em comum com eles, como o fato de representarem uma opção de investimento em conjunto. Desse modo, os investidores compartilham das perdas e dos ganhos, considerando a proporção da aplicação efetuada individualmente.

Outro fator a ser destacado é que, nesses investimentos, os gestores profissionais também exercem um papel fundamental, já que tomam as decisões sobre o dinheiro dos investidores. Dependendo do sucesso ou do fracasso das aplicações, as ações e as consequências decorrentes do andamento do mercado podem gerar valorização ou desvalorização das cotas dos multimercados.

A presença das **estratégias** na atuação e no desenvolvimento do fundo multimercado é imprescindível ao nosso estudo, afinal se trata de um critério determinante no momento da escolha do fundo em que o investimento será efetuado. Nesse sentido, as estratégias podem ser: (a) macro, (b) *trading*, (c) *long and short*, (d) juros e moedas, (e) livre; e (f) específica.

Na estratégia denominada **macro**, os fundos realizam operações variadas nas classes de investimento, considerando aspectos macroeconômicos e horizontes de curto, médio e até longo prazos. Já a estratégia *trading* é voltada para investimentos de curto prazo.

A terceira estratégia, conhecida como *long and short*, compreende os fundos presentes no mercado de ações, mas apresentam posições de valor relativo e, assim, operam com base nos ativos de renda variável, no estilo da Bolsa de Valores. Essa estratégia utiliza técnicas direcionadas para a busca do retorno e da rentabilidade ao esperar os momentos corretos e as oportunidades adequadas de compra e venda de ações.

Por sua vez, as estratégias de **juros e moedas**, como a própria nomenclatura indica, abarcam as operações das moedas estrangeiras, dependendo e tomando como base os valores relativos ao dólar e ao euro, por exemplo. Além disso, consideram o funcionamento e a regulamentação das taxas de juros e dos índices de preços. A limitação referente a essa estratégia é o fato de que os gestores não podem realizar aplicações de renda variável.

As duas últimas categorias apresentam aspectos opostos. A **livre** consiste, precisamente, na ausência de uma estratégia fixa e predeterminada, ou seja, podem ser adotadas estratégias variadas e mutáveis ao longo do tempo, de acordo com o momento em que o mercado financeiro e de capitais se encontra. Já a **específica** tem um alvo determinado, portanto adota a estratégia mais adequada para alcançá-lo.

Os investimentos realizados nos fundos multimercados precisam lidar com alguns custos, como o pagamento da taxa de administração e de outras três taxas, que não são fixas, mas podem vir a ser cobradas em situações específicas. No entanto, vale ressaltar que o objetivo deste capítulo não é estudar as taxas de modo aprofundado, mesmo que as mencionemos para melhor entendimento dos fundos em questão.

Nesse sentido, a primeira taxa a ser destacada é a **taxa de performance**, cobrada quando o investimento gera lucros para o investidor em uma proporção superior à taxa de referência do mercado financeiro. Em outras palavras, a cobrança ocorre como uma espécie de bonificação para o gestor que efetuou o trabalho de forma bem sucedida e que, em decorrência disso, promoveu um bom desempenho para o investimento.

Outra taxa que pode incidir sobre as operações desses fundos é a **taxa de saída**, cobrada nas situações em que o cliente readquire o investimento efetuado antes do prazo definido para aquele ativo. Assim, esta só existe quando há um tempo predeterminado nesse sentido; caso contrário, não existem razões para que essa cobrança se realize. Por fim, o **Imposto sobre Operações Financeiras** (IOF) é cobrado quando os clientes retiram o investimento antes do prazo de 30 dias da aplicação, sendo o percentual diferente a depender do dia em que a retirada é efetuada, conforme pode ser visto na Tabela 2.1, a seguir.

Tabela 2.1 – Porcentagem do IOF

Número de dias	IOF (em %)
1	96
2	93
3	90
4	86
5	83
6	80
7	76
8	73
9	70
10	66
11	63
12	60
13	56
14	53
15	50
16	46
17	43

(continua)

(Tabela 2.1 – conclusão)

Número de dias	IOF (em %)
18	40
19	36
20	33
21	30
22	26
23	23
24	20
25	16
26	13
27	10
28	6
29	3
30	0

Fonte: Fontenele, 2020.

Ao analisarmos a Tabela 2.1, podemos verificar que quanto maior é o prazo, menor é a alíquota paga. Logo, a tributação referente aos fundos multimercados é proporcional ao prazo de aplicação dos investimentos.

Para saber mais

BERTÃO, N. Conheça os 15 fundos multimercados com os maiores retornos. **Valor Investe**, 9 jan. 2020. Disponível em: <https://valorinveste.globo.com/produtos/fundos/multimercados/noticia/2020/01/09/onheca-os-15-fundos-multimercados-com-os-maiores-retornos.ghtml>. Acesso em: 7 jul. 2021.

Assim como foram abordados os fundos que se destacam entre os de renda fixa e os de ações, também é importante ter em mente quais são os principais fundos multimercados presentes no território nacional. Diante disso, recomendamos a leitura da matéria de Naiara Bertão, publicada pelo *Valor Investe*.

Considerando os conhecimentos adquiridos acerca dos fundos multimercados, suas principais vantagens são a presença de um gestor profissional bem capacitado, responsável por cuidar dos investimentos com certo grau de liberdade; a diversidade de investimentos e de estratégias; as alternativas de liquidez; e a rentabilidade, em regra, superior ao Certificado de Depósito Interbancário (CDI).

2.5 Fundos cambiais

Os fundos cambiais, assim como os apresentados anteriormente, são fundos de investimento, contudo, como o nome sugere, estão relacionados aos investimentos em ativos que envolvam moedas estrangeiras. Esse tipo de fundo é indicado com o intuito de proteger os recursos do investidor das flutuações, ou seja, das altas e das quedas relativas às moedas fortes, comumente utilizadas, como o dólar e o euro. Essas alterações também podem proporcionar o ganho e a obtenção de lucros quando houver a variação positiva da moeda.

Os riscos também estão presentes nos fundos cambiais, e os mais relevantes são os perigos que envolvem a variação da taxa de juros e as volatilidades associadas à moeda estrangeira.

Não é preciso ter muito conhecimento sobre o mercado financeiro para saber o quanto o real e seu valor podem ser afetados pelo dólar e pelas intercorrências mundiais. Todos os dias, esse valor é alterado, e quanto mais alto é o dólar, mais negativo é o impacto para nossa moeda nacional, pois significa que ela está desvalorizada.

Um grande exemplo disso é a crise gerada pela pandemia de covid-19 e os altos valores, inclusive recordes, atingidos pelo dólar diariamente desde que a pandemia chegou ao Brasil. Existe uma maneira de contornar essa realidade? Sim! Mas essa não é uma tarefa fácil. Os fundos cambiais lidam com os impactos e os riscos decorrentes das altas e baixas das moedas estrangeiras, principalmente daquelas com maior importância e usabilidade em âmbito mundial.

Diferentemente dos demais fundos de investimento, esse não é um fundo recomendado para qualquer pessoa ou investidor, mas para aqueles que já apresentam um perfil de risco moderado ou arrojado. Uma curiosidade que merece ser destacada sobre esse tipo de fundo é que, mesmo que se refiram à moeda estrangeira, os investimentos e os resgates são feitos em reais.

Os fundos cambiais são abertos, sendo permitidos resgates e aplicações a qualquer momento. Assim, se um investidor desejar entrar em um fundo ou tiver como objetivo aumentar sua participação, este possibilita a entrada de novas cotas para a aquisição. A saída também acontece de maneira fácil e simples, tendo em vista que, para sua oficialização, é necessário apenas que o investidor solicite o resgate para reaver os recursos. Assim, esses fundos se contrapõem aos de natureza fechada, marcadamente caracterizados por uma maior dificuldade quando o assunto é a entrada e a saída do investimento, já que estas só podem ocorrer por meio da compra e da venda das cotas entre os investidores.

Considerando esses aspectos, a grande vantagem do fundo cambial diz respeito à praticidade de os investimentos serem efetuados pelo próprio investidor, já que são poucas as opções que cabem a ele. Além disso, um gestor é responsável por todas as manutenções referentes ao fundo. Por outro lado, suas desvantagens estão relacionadas ao histórico de rentabilidade, bem como aos custos da aplicação, visto que as taxas podem ser elevadas.

A tributação dos fundos cambiais é feita com base em dois impostos, o Imposto de Renda (IR) e o IOF. O IR incide sobre a rentabilidade das carteiras, ou seja, não recai sobre o patrimônio em sua totalidade e pode ser dividido em curto prazo (vencimentos abaixo de 365 dias) ou longo prazo (vencimentos acima de 365 dias). Assim, como visto nos fundos multimercados, o período de permanência também é determinante no estabelecimento da alíquota a ser cobrada, logo, quanto maior é o tempo que o investidor permanece no fundo, menor é a taxa a ser paga ao governo.

Antes de avançarmos para o estudo dos investimentos estruturados, é importante examinar alguns aspectos básicos que diferenciam os fundos de investimento que discutimos até aqui. Nesse cenário, o fundo multimercado fornece maior liberdade para a montagem da carteira de ativos, pois torna possível a mistura entre diferentes mercados. Já o de renda fixa propicia rentabilidade próxima ao CDI, por isso é interessante que seja utilizado como um fundo de emergência, ao passo que o multimercado é adequado para obtenção de altas rentabilidades. Por sua vez, o fundo cambial exerce papel fundamental na proteção da carteira do risco Brasil, já que, quando um dos fundos obtiver lucros positivos em momento de crise, o cambial pode ser usado com a intenção de auxiliar na recuperação das possíveis perdas sofridas pelos demais.

2.6 Fundos de investimento estruturados

Os principais fundos de investimento são regidos pela Instrução CVM n. 555/2014, a saber: os fundos de ações, de renda fixa, cambiais e multimercados. Contudo, esses não são os únicos existentes no mercado financeiro nacional, pois ainda há aqueles fundos que obedecem a regras específicas, denominados *fundos de investimento estruturados*.

O primeiro aspecto que diz respeito ao investimento estruturado é que sua natureza está relacionada à especificidade. Assim, em regra, não seguem as normas gerais apresentadas pela Instrução CVM n. 555/2014. No entanto, isso não implica dizer que não são regulamentadas, mas apenas que existem normas e instruções específicas para seu cumprimento. Por exemplo, as Instruções n. 356, de 17 de dezembro de 2001; n. 398, de 28 de outubro de 2003; n. 444, de 8 de dezembro de 2006; n. 472, de 31 de outubro de 2008; n. 578, de 30 de agosto de 2016; n. 579, de 30 de agosto de 2016, todas da CVM (2001, 2003, 2006, 2008, 2016a, 2016b) estipulam normas aplicadas conforme o tipo de fundo e em razão de suas características e estruturações próprias, assim como de suas políticas de investimento diferenciadas.

Exercício resolvido

Os fundos de investimento são regidos por uma variedade de instruções da Comissão de Valores Mobiliários (CMV), sendo uma das principais a Instrução n. 555, de 17 de dezembro de 2014, responsável por estabelecer, entre outras disposições, os principais tipos de fundo e as normas gerais de cada um deles. Nesse sentido, assinale a alternativa correta sobre os fundos estruturados:

a. Os fundos estruturados apresentam características gerais, por isso são regidos pela Instrução CVM n. 555/2014, assim como os fundos de ações e os cambiais.

b. Os fundos estruturados obedecem a regras específicas, existindo regulações destinadas para cada um deles, como é o caso, por exemplo, dos fundos de investimento imobiliário, que têm suas regras firmadas pela Instrução CVM n. 472/2008.

c. Os fundos de ação, os fundos de renda fixa e os fundos cambiais são exemplos de fundos estruturados.

d. Os fundos estruturados não são fundos de investimento, sendo considerados outro tipo de investimento, por isso não obedecem às normas da Instrução CVM n. 555/2014 nem às mais específicas, como as Instruções CVM n. 356/2001, n. 398/2003, n. 444/2006, n. 472/2008, n. 578/2016 e n. 579/2016.

Gabarito: b

Comentário: A alternativa *b* apresenta a assertiva correta, tendo em vista que os fundos estruturados têm sua natureza ligada a aspectos específicos. Desse modo, não são regulados pelas normas gerais estabelecidas pela Instrução CVM n. 555/2014, e sim por normas específicas aplicadas a cada tipo de fundo, as quais consideram suas características e estruturas próprias.

Alguns dos fundos estruturados que ganham destaque, em conformidade com a CVM, são os fundos de investimento mobiliário, os fundos de investimento em direitos creditórios, os fundos de investimento em participações e os fundos de financiamento da indústria cinematográfica nacional.

Para saber mais

ENTENDA o que são investimentos estruturados. **Capef** – seu plano de previdência, 16 out. 2012. Disponível em: <https://www.capef.com.br/site/noticias/entenda-o-que-sao-investimentos-estruturados/>. Acesso em: 7 jul. 2021.

Recomendamos a leitura dessa matéria para conhecer mais acerca dos fundos de investimento estruturados, bem como para esclarecer dúvidas que possam surgir a respeito do tema.

Entre os tipos de fundos estruturados mais conhecidos, está o **fundo de investimento imobiliário** (FII), relativo a apostas direcionadas a ativos reais imobiliários. Os cotistas recebem aluguéis por mês pelo seu empreendimento, que, contudo, é regido por gestores profissionais, ou seja, os aspectos facilitadores relativos aos fundos de investimento continuam em vigor.

O investimento dos fundos imobiliários não torna obrigatório que seus investidores tenham imóveis. Esse é um argumento positivo, já que aumenta as facilidades associadas a esse tipo de investimento. A carteira referente aos fundos imobiliários está crescendo no Brasil em decorrência das facilidades e do baixo custo.

Assim, os fundos imobiliários funcionam como uma espécie de condomínio de investidores, pois unem recursos que podem ser aplicados no mercado imobiliário, podendo as finanças ser utilizadas na construção e na aquisição de imóveis para que sejam vendidos, alugados ou arrendados posteriormente. Como vimos nos demais fundos de investimento, os ganhos e os gastos são divididos entre todos os participantes conforme o quanto cada um investiu.

O cotista não é o proprietário do imóvel, nem pode assumir esse papel, já que não é permitido a ele exercer direitos reais sobre os empreendimentos pertencentes aos fundos, assim como não responde pelas obrigações relacionadas a estes, uma vez que tal papel cabe ao administrador, à instituição financeira responsável e à manutenção da carteira.

A Instrução CVM n. 472/2008 dispõe sobre a constituição, da administração, do funcionamento, da oferta pública de distribuição de cotas e da divulgação de informações dos FIIs:

Art. 2º O FII é uma comunhão de recursos captados por meio do sistema de distribuição de valores mobiliários e destinados à aplicação em empreendimentos imobiliários.

§ 1º O fundo será constituído sob a forma de condomínio fechado e poderá ter prazo de duração indeterminado.

§ 2º A denominação do fundo deve incluir a designação "fundo de investimento imobiliário". (CVM, 2008)

Os fundos imobiliários são divididos em cotas, adquiridas a partir do momento em que um investimento é feito em dada carteira. Assim, o retorno é calculado com base no valor investido. As cotas referentes aos FIIs são negociadas com mais frequência na Bolsa de Valores. As normas das cotas são fixadas na Seção III da Instrução CVM n. 472/2008:

Art. 6º As cotas do fundo correspondem a frações ideais de seu patrimônio e devem ser escriturais e nominativas.

§ 1º Cotas do FII somente podem ser negociadas em mercados regulamentados:

I – quando distribuídas publicamente por meio de oferta registrada na CVM;

II – quando distribuídas com esforços restritos, observadas as restrições da norma específica; ou

III – quando cotas da mesma série já estejam admitidas à negociação em mercados regulamentados.

§ 2º Podem, ainda, ser negociadas em mercados regulamentados, as cotas emitidas pelo FII que não se enquadrem nas hipóteses dos incisos I a III do § 1º, desde que sejam previamente submetidas a registro de negociação, mediante apresentação de prospecto, nos termos da regulamentação aplicável.

§ 3º As ofertas públicas voluntárias que visem à aquisição de parte ou da totalidade das cotas de um FII devem obedecer às regras e procedimentos operacionais estabelecidos pela entidade administradora do mercado organizado em que as cotas do fundo estejam admitidas à negociação.

Art. 7º A propriedade das cotas nominativas presumir-se-á pelo registro do nome do cotista no livro de "Registro dos Cotistas" ou da conta de depósito das cotas.

Art. 8º O titular de cotas do FII:

I – não poderá exercer qualquer direito real sobre os imóveis e empreendimentos integrantes do patrimônio do fundo; e

II – não responde pessoalmente por qualquer obrigação legal ou contratual, relativa aos imóveis e empreendimentos integrantes do fundo ou do administrador, salvo quanto à obrigação de pagamento das cotas que subscrever.

Art. 9º Não é permitido o resgate de cotas. (CVM, 2008)

Os fundos imobiliários não são os únicos fundos de investimentos estruturados; também é válido destacar as normas e as características referentes aos **fundos de investimento em direitos creditórios** (FIDC), que são direcionados à união de uma variedade de investidores. Assim, os objetivos em comum reúnem os recursos com aspectos semelhantes, sendo necessário que, no mínimo, 50% do patrimônio líquido da aplicação seja em direitos creditórios, os quais envolvem os valores e os créditos que as empresas ainda precisam receber, à medida que as dívidas são convertidas em títulos e vendidas a terceiros.

Esse tipo de fundo pode ser tanto aberto quanto fechado. No primeiro caso, os investidores têm a possibilidade de resgatar suas cotas a qualquer momento, mas respeitando as regras do fundo. Já nos fundos fechados, as cotas só podem ser resgatadas no momento determinado, sendo esta a situação mais comum para esses investimentos.

A Instrução CVM n. 356/2001 disciplina a constituição e o funcionamento dos FIDC, abordando também as questões relativas às suas cotas. Vejamos as definições fornecidas pelo art. 2º da referida instrução:

Art. 2º Para efeito do disposto nesta instrução, considera-se:

I – direitos creditórios: os direitos e títulos representativos de crédito, originários de operações realizadas nos segmentos financeiro, comercial, industrial, imobiliário, de hipotecas, de arrendamento mercantil e de prestação de serviços, e os warrants, contratos e títulos referidos no § 8º do art. 40, desta Instrução;

II – cessão de direitos creditórios: a transferência pelo cedente, credor originário ou não, de seus direitos creditórios para o FIDC, mantendo-se inalterados os restantes elementos da relação obrigacional;

III – Fundos de Investimento em Direitos Creditórios – FIDC: uma comunhão de recursos que destina parcela preponderante do respectivo patrimônio líquido para a aplicação em direitos creditórios;

IV – Fundo de Investimento em Cotas de Fundos de Investimento em Direitos Creditórios–FICFIDC: uma comunhão de recursos que destina no mínimo 95% (noventa e cinco por cento) do respectivo patrimônio líquido para a aplicação em cotas de FIDC;

V – fundo aberto: o condomínio em que os condôminos podem solicitar resgate de cotas, em conformidade com o disposto no regulamento do fundo;

VI – fundo fechado: o condomínio cujas cotas somente são resgatadas ao término do prazo de duração do fundo ou de cada série ou classe de cotas, conforme estipulado no regulamento, ou em virtude de sua liquidação, admitindo-se, ainda, a amortização de cotas por disposição do regulamento ou por decisão da assembleia geral de cotistas;

VII – parcela preponderante: é aquela que excede 50% (cinquenta por cento) do patrimônio líquido do fundo;

VIII – investidor qualificado e investidor profissional: são aqueles assim definidos em regulamentação específica;

IX – cedente: aquele que realiza cessão de direitos creditórios para o FIDC;

X – custodiante: é a pessoa jurídica credenciada na CVM para o exercício da atividade de prestador de serviço de custódia fungível;

XI – cota de classe sênior: aquela que não se subordina às demais para efeito de amortização e resgate;

XII – cota de classe subordinada: aquela que se subordina às demais para efeito de amortização e resgate;

XIII – séries: subconjuntos de cotas da classe sênior dos fundos fechados, diferenciados exclusivamente por prazos e valores para amortização, resgate e remuneração, quando houver;

XIV – amortização: é o pagamento aos cotistas do fundo fechado de parcela do valor de suas cotas, sem redução de seu número; e

XV – coobrigação: é a obrigação contratual ou qualquer outra forma de retenção substancial dos riscos de crédito do ativo adquirido pelo fundo assumida pelo cedente ou terceiro, em que os riscos de exposição à variação do fluxo de caixa do ativo permaneçam com o cedente ou terceiro. (CVM, 2001)

As principais vantagens associadas ao FIDC são a rentabilidade positiva; as chances de negociação no mercado secundário; as classificações envolvendo agências de risco, principalmente aquelas direcionadas para os cotistas do risco do fundo; além de ser considerado uma boa escolha para diversificar mais a carteira de investimentos.

Já suas desvantagens se atrelam ao fato de serem investimentos limitados a profissionais qualificados, ou seja, seus desenvolvimentos e suas implicações não são acessíveis a todas as pessoas. Ademais, esse argumento é fortalecido pelo elevado custo inicial do investimento, fixado em torno de R$ 25 mil, valor que não é acessível para a maior parte da população. Portanto, em decorrência desses fatores, esse tipo de investimento torna-se restrito e, consequentemente, dotado de baixa liquidez.

Cumpre ainda salientar que os fundos de investimento estruturados detalhados aqui não são os únicos existentes, apenas foram escolhidos com o objetivo de ilustrar esse tipo de fundo e suas aplicações no sistema financeiro nacional. Portanto, recomendamos àqueles que tiverem interesse em aprofundar seus conhecimentos sobre o tema a leitura atenta e integral das instruções da CVM mencionadas neste capítulo.

Síntese

- Os fundos de investimento apresentam como grande vantagem a diversificação presente em suas carteiras de investimento.
- O papel desempenhado pelo gestor que atua no fundo de investimento também caracteriza uma vantagem, principalmente para aqueles que não têm conhecimento sobre o mercado financeiro.

- Os fundos de investimentos apresentam pontos positivos e negativos, geradores de vantagens e desvantagens.
- A Instrução CVM n. 555/2014 estabelece que os fundos de investimento são fundos de renda fixa, fundos de ações, fundos cambiais e fundos multimercados.
- Os fundos de ação classificam-se quanto à gestão e quanto à estratégia.
- Os fundos multimercados dividem os riscos em moderados, conservadores e agressivos.
- Os fundos de investimentos estruturados não são regidos pela Instrução CVM n. 555/2014, mas sim por normas específicas, que consideram suas características.

A administração e os fundos de investimentos

Conteúdos do capítulo

- Administradores dos fundos de investimento.
- O papel dos administradores dos fundos de investimento.
- Obrigações dos administradores dos fundos de investimento.
- Gestão dos fundos de investimento.
- Montagem dos fundos de investimento.
- Problemas decorrentes da gestão dos fundos de investimento.

Após o estudo deste capítulo, você será capaz de:

1. entender quem são os administradores dos fundos de investimento e quais são suas funções;
2. compreender os pré-requisitos exigidos na administração dos fundos de investimento;
3. analisar as obrigações dos administradores dos fundos de investimento;
4. identificar as funções e a importância dos gestores dos fundos de investimento;
5. entender como ocorre a montagem dos fundos de investimento;
6. listar os problemas da gestão dos fundos de investimento.

capítulo 3

Até aqui, já desvendamos vários mitos acerca dos investimentos, bem como evidenciamos a complexidade desse tema. Também ressaltamos que nem tudo é dificuldade ou risco nesse campo. Por isso, é necessário que os perigos sejam compreendidos, assim como é de suma importância entender que existem modalidades de investimentos destinadas aos mais diversos públicos, inclusive àqueles que não têm conhecimento amplo sobre o mercado financeiro e seus desdobramentos na prática, como os fundos de investimentos.

Diante da relevância dos gestores para o bom andamento dos investimentos, no decorrer deste capítulo, analisaremos aspectos gerais da administração, direcionando nossas discussões para o desempenho e a atuação do administrador e, em seguida, para o âmbito dos fundos de investimento propriamente ditos.

Dessa forma, destacaremos detalhes mais técnicos sobre o funcionamento e a organização dos fundos, uma vez que trataremos de sua forma de administração, bem como dos pré-requisitos e das obrigações de seus administradores e gestores.

Contudo, assim como os fundos de investimento apresentam desvantagens, sua administração e sua gestão também estão expostas a problemas, dos quais uma parte deles será abordada neste capítulo.

3.1 Aspectos gerais da administração

Antes de adentrarmos os detalhes da administração de fundos de investimento, é necessário compreender o que é administração de modo geral e quais é o papel desempenhado pelos administradores, de modo a entender quem são esses profissionais no mercado financeiro, principalmente no que tange aos investimentos e às suas decorrências.

As atividades administrativas estão presentes nas relações sociais há muito tempo. Dessa forma, assim como a sociedade e suas necessidades passaram por modificações, a administração e suas definições também foram alteradas, como reflexo das transformações sofridas pelas organizações, pelas indústrias e pelos negócios.

Para saber mais

DIAS JUNIOR, J. R. Antecedentes da administração: civilizações! **Administradores.com**, 23 set. 2020. Disponível em: <https://administradores.com.br/artigos/antecedentes-da-administra%C3%A7%C3%A3o-civiliza%C3%A7%C3%B5es>. Acesso em: 7 jul. 2021.

Ainda que a consolidação da administração como ciência e sua profissionalização sejam relativamente recentes, é importante ter em mente que o pensamento administrativo está presente no cotidiano humano desde o início da civilização. Para uma visão mais aprofundada sobre essa questão, recomendamos a leitura desse texto de Jair Rodrigues Dias Junior.

Em nosso dia a dia, é rotineiro o uso do termo *administração* sem que nos atentemos à sua relevância. Assim, usa-se a palavra sem refletir sobre sua importância e sem entender seu significado. Essa falta de atenção também afeta outros termos que se relacionam ao meio administrativo, como *planejamento, organização, eficiência* e *planos.*

A administração pode ser compreendida como um processo responsável por integrar funções que envolvem planejamento, organização, direção e controle de recursos, tendo como objetivo a obtenção de resultados estabelecidos pela organização e a maximização de lucros.

Em conformidade com Chiavenato (2014, p. 10) e sob o ponto de vista etimológico, a administração é definida como "a função que se desenvolve sob o comando de outro, um serviço que se presta a outro ou, ainda, uma atividade que se recebe por delegação de outrem". Já em uma perspectiva que analisa a administração como processo, o conceito assume uma percepção técnica, relacionada às funções administrativas, tal que o autor o define como "o processo de planejar, organizar, dirigir e controlar o uso de recursos e competências a fim de alcançar objetivos organizacionais" (Chiavenato, 2014, p. 11).

Atualmente, a administração é comumente relacionada aos atos de gerir, governar e alocar recursos, sendo fundamental para a sociedade tanto no setor público quanto no privado. No entanto, existem algumas divergências quanto aos aspectos englobados pelas funções administrativas, por exemplo, Fayol (2003) afirma que estas são compostas por planejamento, organização, comando, coordenação e controle; ao passo que Chiavenato diz que envolvem planejamento, organização, direção e controle. De acordo com Soares (2020), ambas as perspectivas estão corretas e são apenas maneiras diferentes de encarar o mesmo assunto, tendo em vista as modificações e as adaptações enfrentadas com o avançar do tempo.

Analisando a organização como um sistema aberto, a administração engloba preocupações direcionadas não apenas para o ambiente interno, mas também para o externo, considerando consequências e desdobramentos atrelados a variáveis externas, inclusive aquelas que são desconhecidas e incontroláveis. Alguns termos são repetidos e enfatizados com frequência nessa área, em especial os que designam características dos sistemas organizacionais abertos, detalhadas na Figura 3.1.

Figura 3.1 – Características do sistema aberto

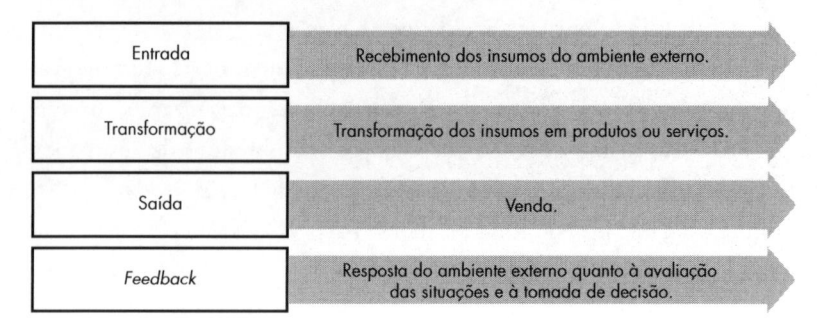

Entrada	Recebimento dos insumos do ambiente externo.
Transformação	Transformação dos insumos em produtos ou serviços.
Saída	Venda.
Feedback	Resposta do ambiente externo quanto à avaliação das situações e à tomada de decisão.

Fonte: Elaborado com base em Carlos, 2019.

Com base nos conceitos expostos, bem como no posicionamento adotado por Fayol (2003), um dos grandes nomes da área, podemos afirmar que a administração é uma atividade inerente a todos os empreendimentos humanos, como família, negócios e governo; e, em todas essas esferas, é necessário que exista planejamento, organização, comando, coordenação e controle.

Portanto, podemos inferir que a administração é uma ciência interdisciplinar e seus preceitos podem, e devem, ser aplicados nas demais áreas, já que ela se relaciona e se faz presente em todos os setores da sociedade. Por isso, é comum que, nos mais diversos cursos de graduação, haja uma ou mais cadeiras de administração.

De acordo com Chiavenato (2014), a administração ocorre no âmbito das organizações e requer que as ações sejam feitas por meio das pessoas capazes de lidar simultaneamente com situações múltiplas, complexas, inesperadas e conflituosas.

Além disso, o autor afirma que o administrador precisa sempre buscar, localizar e aproveitar oportunidades de negócios, pois as chances de inovar e de alcançar o sucesso no meio administrativo não podem ser ignoradas (Chiavenato, 2014). Além disso, esse profissional deve unir os conceitos e a ação, em outras palavras, precisa saber colocar em prática os conhecimentos teóricos, pois, caso contrário, estes terão pouca valia.

Exercício resolvido

A administração é essencial para a estruturação e para o desenvolvimento de empresas e organizações dos setores industrial, comercial, educacional e, até mesmo, agrícola. Considerando a evolução dessa ciência e a diversidade de definições a seu respeito, é correto afirmar:

a. A administração busca apenas alcançar resultado positivo em termos de lucro.

b. A administração visa apenas gerir e controlar os recursos materiais, destinando preocupação para o alcance de seus objetivos e de suas finalidades com relação ao cuidado com os estoques.

c. A administração relaciona-se à condução racional das atividades organizacionais, envolvendo planejamento, direção e controle das atividades.

d. A administração preocupa-se de forma exclusiva com a gestão de pessoas inseridas no ambiente organizacional, a fim de que estas alcancem os objetivos e as metas empresariais.

Gabarito: c

Comentário: A alternativa *a* está incorreta, pois a administração não visa apenas lucros e obtenção de resultados financeiros. Da mesma forma, não destina atenção exclusiva para os recursos materiais e para a gestão de pessoas, tal que as alternativas *b* e *d* também são erradas.

Em vários momentos, a administração e a organização são conceitos que andam de mãos dadas, o que pode ser notado até mesmo ao longo da apresentação desses breves aspectos gerais. Contudo, por mais que esses termos tenham semelhanças e relações, eles não são sinônimos.

Chiavenato (2014) define as organizações como um conjunto de pessoas e recursos que trabalham em união para que objetivos em comum sejam alcançados; por sua vez, a administração é uma ciência que intenta direcionar pessoas e recursos para que dados objetivos sejam alcançados de forma conjunta. Nesse sentido, podemos compreender a organização como uma função administrativa.

> **Pergunta & resposta**
>
> **Os conhecimentos dos administradores precisam ser amplos?**
>
> Sim. Por conta disso, essa classe deve buscar atualizações e ter noção das situações e dos acontecimentos em âmbitos global e nacional, já que fatores externos tanto sociais quanto econômicos podem comprometer o desempenho e a atuação da empresa.

A administração não se restringe a uma área, porque aqueles que escolhem seguir esse campo se deparam com uma diversidade de temas a serem estudados. Alguns dos campos que compõem essa ampla ciência são a administração de pessoas, a administração de recursos materiais, a administração financeira, a administração da qualidade, a administração de produção e a administração de *marketing*.

3.2 O papel do administrador

O administrador no desempenho de suas funções precisa considerar a variação e a complexidade do âmbito administrativo. Desse modo, profissionais que destinam atenção apenas para a gestão da empresa e para seu desempenho não cumprem seu papel em sua totalidade. Isso porque o administrador precisa destinar atenção ao gerenciamento de certas áreas ou, até mesmo, das empresas como um todo, independentemente de pertencerem ao âmbito privado ou ao particular. Contudo, não podem ignorar a necessidade de suas funções relacionarem-se ao desenvolvimento da sociedade, já que também têm funções relativas aos setores sociais e políticos.

Exemplificando

Um exemplo da necessidade de adaptação e de conhecimento do que acontece no mundo é a crescente preocupação com o meio ambiente e sua relação com o desempenho das atividades industriais, já que se trata de um dos setores que mais agride e afeta o bem-estar ambiental. Por isso, é preciso que o administrador esteja atento à implementação das normas ambientais dentro das organizações e das empresas, adotando um ponto de vista sustentável e eficaz. Cabe lembrar que a sustentabilidade não se relaciona estritamente ao meio ambiente, mas também destina atenção às preocupações econômicas e sociais. Diante disso, os administradores precisam buscar meios de inovar, sem que a economia e os lucros da empresa sejam comprometidos, à medida que o meio ambiente é respeitado e os interesses tanto dos clientes quanto da sociedade como um todo são considerados. Essa é uma tarefa fácil? Não. É complexa e necessária, por isso o administrador não pode limitar-se unicamente à gestão das empresas.

Nesse cenário, a Confederação Nacional da Indústria (CNI), em 2012, estabeleceu que o administrador da atualidade precisa ter noção das necessidades de conservação e de preservação do meio ambiente, levando em conta não só as gerações atuais, mas também as futuras. Além disso, deve levar em conta o tripé da sustentabilidade, também conhecido como *triple bottom line* (Figura 3.2).

> *Inovação e sustentabilidade devem caminhar em paralelo, defende a diretora de Relações Institucionais da Confederação Nacional da Indústria (CNI), Mônica Messenberg. [...] Messenberg disse que a criação de um ambiente propício ao crescimento empresarial é fundamental para o desenvolvimento de uma economia com práticas e metas voltadas para o uso mais eficiente do meio ambiente. [...] Um país em desenvolvimento não pode abrir mão, neste momento, da questão social e de emprego. O setor industrial brasileiro enxerga a questão ambiental*

não como problema ou restrição, mas como oportunidade. [...] Além de conferir sustentabilidade às empresas na transição para uma economia verde, a inovação pode ser decisiva para alcançar metas de mitigação ambiental. (CNI, citada por Barros, 2012)

Conforme Chiavenato (2014), o administrador é responsável por, no desempenho de suas atividades, definir estratégias; efetuar diagnósticos situacionais; dimensionar e planejar a aplicação de recursos, considerando suas especificidades; resolver problemas que surjam no âmbito empresarial ou que estejam atrelados a ele; e promover inovação e manter a competitividade. Nesses termos, Barros (2012) afirma que "o administrador, através das suas habilidades técnicas, humanas e conceituais, deve ter a capacidade de interagir com todas as áreas da empresa, pois a harmonia entre os setores é também preponderante ao desenvolvimento do negócio".

Figura 3.2 – Tripé da sustentabilidade

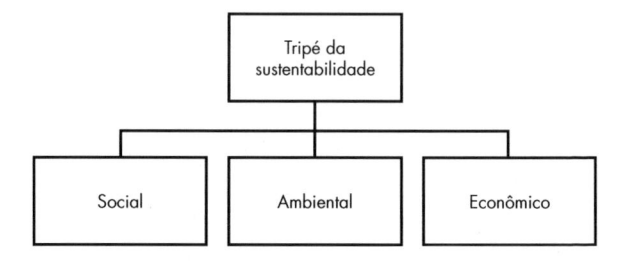

```
                 ┌─────────────────┐
                 │    Tripé da     │
                 │ sustentabilidade│
                 └────────┬────────┘
          ┌───────────────┼───────────────┐
    ┌─────┴─────┐   ┌─────┴─────┐   ┌─────┴─────┐
    │  Social   │   │ Ambiental │   │ Econômico │
    └───────────┘   └───────────┘   └───────────┘
```

Fonte: Elaborado com base em Ferreira, 2019.

Um bom administrador é aquele que consegue ter habilidade de liderança ao estabelecer as diretrizes necessárias para o bom funcionamento do negócio, contemplando suas missões e visões, sem, contudo, deixar de lado as necessidades do mercado e as exigências feitas pelos consumidores, direta ou indiretamente.

Os consumidores podem assumir diversos perfis, a depender de seus interesses, mas, no geral, estão cada vez mais exigentes quanto à prestação de serviços e à obtenção de produtos de qualidade. Assim, é mais difícil efetuar o trabalho de captação do consumidor e manter sua fidelidade. Por isso, o administrador também precisa estar atento a esses fatores e ao que deve ser feito para que os consumidores se sintam atraídos pelos produtos e serviços das empresas e/ou organização da qual faz parte, montando estratégias de *marketing* convincentes e inovações de qualidade que prendam a atenção e o interesse do público.

Exercício resolvido

A administração é um campo em que diversas complexidades e desafios estão presentes, assim os administradores precisam estabelecer metas básicas e essenciais para o bom desempenho e a obtenção de sucesso no âmbito dos negócios. Nesse sentido, considerando a diversidade de funções que podem ou precisam ser desempenhadas por um administrador, assinale a alternativa correta:

a. O administrador deve preocupar-se apenas com a gestão da empresa, não precisando importar com prováveis assuntos de cunho ambiental ou social, já que apenas os lucros são importantes para o desenvolvimento empresarial e organizacional.

b. O administrador é o profissional que elabora estratégias e busca resolver problemas relativos ao ambiente empresarial, contudo não demonstra preocupação com a inovação e com a competitividade, já que a administração é uma área estática.

c. O administrador deve demonstrar preocupação apenas com os setores econômico e social, deixando os aspectos ambientais para os ambientalistas, pois não há como conciliar desenvolvimento econômico e proteção ambiental.

d. O administrador é responsável por definir estratégias, efetuar diagnósticos de situações, planejar a aplicação de recursos e destinar atenção para o âmbito da inovação e da competitividade, ponderando preceitos sustentáveis do ponto de vista do tripé da sustentabilidade, que busca contemplar interesses sociais, ambientais e econômicos.

Gabarito: d

Comentário: A alternativa *d* está correta, pois o bom administrador atua para além do setor empresarial e tem preocupações com questões internas e externas às organizações. A alternativa *a* está incorreta, uma vez que o exercício dos administradores não visa apenas ao lucro. A alternativa *b* está errada, porque o administrador também tem preocupações com os setores da inovação e da competitividade. Já a alternativa *c* está incorreta, visto que o administrador deve apresentar preocupações com os setores social e econômico, mas não pode ignorar as questões e as proteções que devem ser destinadas ao meio ambiente, cujo cuidado diz respeito a todos, e não apenas aos ambientalistas.

Nesse contexto, o administrador precisa encontrar formas de atender às necessidades internas dos colaboradores, elaborando estratégias de gestão eficientes e que considerem o mercado, as imposições e os elementos externos, os consumidores e seus interesses, sem deixar de lado a otimização dos recursos perante as preocupações ambientais, a responsabilidade e a busca pelo desenvolvimento empresarial e, ainda, nacional.

Todavia, nosso objetivo nesta obra se direciona à compreensão da gestão de fundos e da previdência. E como a administração e o papel do administrador se relacionam com nossos objetos de estudo? Analisaremos, a seguir, a função dos administradores nos fundos de investimento.

3.3 Administradores de fundos de investimento

Observamos que a administração é uma área vasta com aplicação ampla e direcionada para uma diversidade de campos do saber. Desse modo, não ignora os investimentos. Ademais, os administradores precisam atentar para as necessidades e imposições externas e internas, que podem impactar o funcionamento das organizações e das empresas. Esse cenário não é diferente quando nos referimos aos fundos de investimento, pois os acontecimentos em âmbitos internacional e nacional, principalmente aqueles de grande escala, podem causar diversos impactos aos investimentos, bem como a seus lucros e riscos.

Quando refletimos sobre a figura do administrador, quase sempre a relacionamos à pessoa física, ou seja, ao profissional formado em Administração. Contudo, no âmbito dos fundos de investimento, e até mesmo em outros setores, esse papel é exercido por pessoas jurídicas.

O que é?

Os termos *pessoa jurídica* e *pessoa física* são usados com regularidade no meio jurídico, mas atingem vários setores das relações sociais, econômicas e políticas.

Em suma, a **pessoa jurídica** pode ser compreendida como uma entidade que reúne pessoas e patrimônio com uma finalidade específica, que pode ser a prestação de um serviço ou a criação, a distribuição e a venda de um produto. Alguns exemplos de pessoas jurídicas são administrações públicas, partidos políticos, entidades, fundações e empresas. Por sua vez, as **pessoas físicas** são os indivíduos, sujeitos de direitos e deveres desde seu nascimento até sua morte. As pessoas físicas apresentam Cadastro de Pessoas Físicas (CPF), e as jurídicas, Cadastro Nacional da Pessoa Jurídica (CNPJ).

Os administradores dos fundos de investimento são aquelas instituições que os constituem e os aprovam, por meio do regulamento, um documento que estabelece as regras de funcionamento de determinado fundo e firma seus objetivos e suas políticas de investimento.

Em outras palavras, ainda que a expressão *administradores dos fundos de investimento* possa gerar algumas confusões acerca de quem ocupa esse papel, precisamos ter em mente que a função é exercida por empresas, ou seja, por pessoas jurídicas que atentam, essencialmente, para questões cotidianas imprescindíveis ao correto funcionamento dos fundos de investimento.

A administração dos fundos de investimento é normatizada pela Instrução n. 555, de 17 de dezembro de 2014, da Comissão de Valores Mobiliários (CVM, 2014), que contém um capítulo específico para a disposição das normas relativas ao tema. Nesse sentido, o *caput* de seu art. 78 estabelece:

Art. 78. *A administração do fundo compreende o conjunto de serviços relacionados direta ou indiretamente ao funcionamento e à manutenção do fundo, que podem ser prestados pelo próprio administrador ou por terceiros por ele contratados, por escrito, em nome do fundo.* (CVM, 2014)

Contudo, não são todas as empresas e/ou pessoas jurídicas que podem cumprir o papel de administrador de fundos de investimento, pois é necessário que estas sejam instituições financeiras devidamente credenciadas, aprovadas e autorizadas.

Para atuar, os administradores precisam ser autorizados pela CVM, tendo em vista as normas estabelecidas pelo art. 78, parágrafo 1º, da Instrução CVM n. 555/2014:

> *§ 1º Podem ser administradores de fundo de investimento as pessoas jurídicas autorizadas pela CVM para o exercício profissional de administração de carteiras de valores mobiliários, nos termos do art. 23 da Lei n. 6.385, de 7 de dezembro de 1976 e instrução específica.* (CVM, 2014)

Os administradores são incumbidos de desenvolver diversas atividades relativas aos fundos de investimento, a saber: um conjunto de serviços direta ou indiretamente relacionados que se refere ao funcionamento e à manutenção do fundo, englobando gestão de carteira, consultoria de investimentos, atividades de tesouraria, distribuição de cotas, entre outros. Nesse sentido, o art. 80 da Instrução CVM n. 555/2014 estabelece:

> *Art. 80. O administrador, observadas as limitações legais e as previstas nesta Instrução, tem poderes para praticar todos os atos necessários ao funcionamento do fundo de investimento, sendo responsável pela constituição do fundo e pela prestação de informações à CVM na forma desta Instrução e quando solicitado.* (CVM, 2014)

Entre as competências do administrador, ainda no momento de abertura do fundo, está a contratação de um gestor, de uma auditoria independente e de uma empresa que será responsável pela custódia dos ativos. Nesse sentido, o art. 78, em seu parágrafo 2º, indica quem os administradores podem contratar em nome do fundo, desde que sejam devidamente habilitados e autorizados, em conformidade com as normas gerais dos fundos de investimento:

§ 2º O administrador pode contratar, em nome do fundo, com terceiros devidamente habilitados e autorizados, os seguintes serviços para o fundo, com a exclusão de quaisquer outros não listados:

I – gestão da carteira do fundo;

II – consultoria de investimentos, inclusive aquela de que trata o art. 84;

III – atividades de tesouraria, de controle e processamento dos ativos financeiros;

IV – distribuição de cotas;

V – escrituração da emissão e resgate de cotas;

VI – custódia de ativos financeiros;

VII – classificação de risco por agência de classificação de risco de crédito; e

VIII – formador de mercado. (CVM, 2014)

A prestação de contas é um dos deveres do administrador e precisa acontecer com relação tanto à CVM quanto aos cotistas, já que os investimentos realizados não pertencem ao administrador, mas aos investidores de fato. Essa prestação de contas se efetiva por meio de relatórios mensais e periódicos, ou seja, as atribuições do administrador são sempre fiscalizadas para que os devidos esclarecimentos acerca dos investimentos sejam fornecidos aos interessados diretos.

Assim, podemos compreender que o serviço do administrador consiste em garantir, assegurar e realizar o perfeito e devido funcionamento do fundo de investimento, de acordo, ainda, com as disposições e situações referentes ao fluxo de caixa. Além disso, ele precisa destinar atenção aos direitos dos investidores, pois deve defendê-los e preservá-los, evitando e dirimindo problemas que possam afetá-los de alguma forma. Por isso, entre suas funções está a de inibir e corrigir irregularidades capazes de afetar o fundo de investimento de alguma forma.

Exercício resolvido

Os administradores são entes responsáveis por cuidar do planejamento, da organização, da direção e do controle dos recursos, considerando os aspectos internos e externos à realidade das empresas e das organizações. Por sua vez, os administradores dos fundos de investimento também são responsáveis por efetuar diversas funções, contudo desempenham um papel diferente daquele efetuado pelos profissionais da administração.

Com base nesses aspectos, assinale a alternativa correta sobre o administrador dos fundos de investimento:

a. O papel de administrador de fundos de investimento pode ser desempenhado tanto por pessoas físicas quanto por pessoas jurídicas, não sendo obrigatória a aprovação e o registro da Comissão de Valores Mobiliários (CVM).

b. Os administradores dos fundos de investimentos são pessoas jurídicas e precisam seguir as normas apresentadas na Instrução CVM n. 555/2014, tal que é necessária autorização da CVM para a realização da atividade.

c. Os administradores não são fundamentais para os fundos de investimento, desde que cotistas e gestores desempenhem suas funções de forma devida.

d. Os administradores dos fundos de investimento devem destinar atenção apenas aos investimentos, não precisando efetuar a defesa dos direitos do investidor, pois essa função extrapola sua competência.

Gabarito: b

Comentário: A alternativa *b* está correta, pois está em conformidade com as disposições do art. 78 da Instrução CVM n. 555/2014. A alternativa *a* está errada, visto que os administradores dos fundos de investimento são pessoas jurídicas que dependem da aprovação e da autorização da CVM para desempenhar suas funções. Por sua vez, a alternativa *c* está incorreta porque os administradores são de suma importância para o funcionamento dos fundos de investimento, não podendo ser substituídos pelos gestores e, muito menos, pelos cotistas, que apresentam papéis diferentes na composição dos fundos. Já a alternativa *d* está incorreta, pois, entre as funções do administrador, está a de assegurar, garantir e defender os direitos dos investidores.

Em resumo, as principais funções do administrador de fundos envolvem:

- *Constituir o fundo de investimentos e fazer seu registro na CVM*
- *Aprovar o regulamento*
- *Controlar os prestadores de serviço*
- *Contratar o auditor independente*
- *Acompanhar os fluxos de caixa*
- *Realizar as prestações de contas aos cotistas*
- *Manter o registro de cotistas atualizado e em perfeita ordem*
- *Elaborar atas das assembleias*
- *Gerenciar os recursos*
- *Organizar o repasse dos rendimentos*
- *Atuar na defesa dos interesses dos cotistas (Administrador, 2019)*

Vivemos em um mundo em que o dinheiro é uma ferramenta fundamental para que muitos de nossos direitos básicos e interesses sejam concretizados. Exatamente por isso, os investimentos chamam a atenção de tantas pessoas. Assim, com exceção daqueles trabalhos de natureza voluntária, é normal e esperado que a prestação de serviços e produtos implique uma contrapartida financeira. Em outras palavras, quando compramos um produto ou contratamos um serviço, precisamos pagar por ele. Essa realidade não é diferente quando se trata de um administrador de fundos de investimentos, sendo sua atuação um serviço pago. Por isso, a Instrução CVM n. 555/2014 também normatiza essa remuneração (Figura 3.3).

Figura 3.3 – Remuneração dos administradores dos fundos de investimento

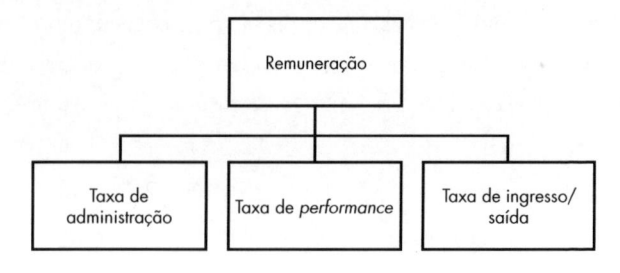

```
                    ┌──────────────┐
                    │ Remuneração  │
                    └──────┬───────┘
         ┌─────────────────┼─────────────────┐
┌────────┴────────┐ ┌──────┴───────┐ ┌───────┴────────┐
│     Taxa de     │ │    Taxa de   │ │ Taxa de ingresso/│
│  administração  │ │  performance │ │      saída      │
└─────────────────┘ └──────────────┘ └─────────────────┘
```

Fonte: Elaborado base em CVM, 2014.

A remuneração dos administradores dos fundos de investimento ocorre por meio do pagamento da taxa de administração, efetuado pelos cotistas. A remuneração não é a mesma para todos os tipos de fundo, ou seja, a depender das normas e taxas, da *performance* e das entradas e saídas de cotistas, os administradores de determinado fundo podem receber mais ou menos:

> Art. 85. O regulamento deve dispor sobre a taxa de administração, taxa de performance, bem como taxa de ingresso e saída, nos termos desta Instrução.
>
> § 1º Cumpre ao administrador zelar para que as despesas com a contratação de terceiros prestadores de serviços não excedam o montante total da taxa de administração fixada no regulamento, correndo às suas expensas o pagamento de quaisquer despesas que ultrapassem esse limite.
>
> § 2º As taxas previstas no caput não podem ser aumentadas sem prévia aprovação da assembleia geral, mas podem ser reduzidas unilateralmente pelo administrador, que deve comunicar esse fato, de imediato, à CVM, à entidade administradora do mercado organizado onde as cotas sejam admitidas à negociação e aos cotistas, promovendo a devida alteração no regulamento e na lâmina, se houver.
>
> § 3º Nos fundos abertos, as taxas de administração e de performance devem ser provisionadas por dia útil, sempre como despesa do fundo e apropriadas conforme estabelecido no regulamento.
>
> § 4º Os fundos de investimento e os fundos de investimento em cotas não destinados a investidores qualificados que adquirirem, nos limites desta Instrução, cotas de outros fundos de investimento, devem estabelecer em seu regulamento que a taxa de administração cobrada pelo administrador compreende a taxa de administração dos fundos de investimento em que investirem. (CVM, 2014)

Assim, de acordo com o art. 85 da Instrução CVM n. 555/2014, o regulamento precisa conter disposições sobre taxas de administração, *performance* e ingresso e/ou saída, que devem estar, também, em conformidade com os fundos de investimentos e suas características mais gerais.

3.4 Gestores de fundos de investimentos

Os gestores dos fundos de investimento podem ser tanto pessoas jurídicas quanto físicas. Todavia, a possibilidade de essa função ser exercida por pessoas físicas não anula a necessidade de registro na CVM. Assim, os gestores, independentemente de sua natureza, precisam estar devidamente registrados.

Conforme discutimos no Capítulo 2, eles são os **responsáveis pelos investimentos do fundo**, ou seja, são aqueles profissionais ou empresas que precisam estar mais atentos às regras do fundo, pois sua violação pode resultar em impactos e consequências graves para os investimentos. Por isso, o gestor deve atuar em conjunto com o administrador, em uma parceria necessária e recomendada para que as funções desempenhadas por ambos sejam corretas e eficazes (Stumpf, 2019b).

Já observamos algumas das disposições do art. 78 da Instrução CVM n. 555/2014, porém ainda precisamos destacar algumas das regulamentações estabelecidas por ele quanto à gestão de carteiras. Nesse sentido, o parágrafo 3º define:

> § 3º A gestão da carteira do fundo é a gestão profissional, conforme estabelecido no seu regulamento, dos ativos financeiros dela integrantes, desempenhada por pessoa natural ou jurídica credenciada como administradora de carteiras de valores mobiliários pela CVM. (CVM, 2014)

O parágrafo em questão, por meio de seus incisos, ainda estabelece as funções, os poderes e as competências principais dos gestores de carteiras, a saber:

> I – negociar e contratar, em nome do fundo de investimento, os ativos financeiros e os intermediários para realizar operações em nome do fundo, bem como firmar, quando for o caso, todo e qualquer contrato ou documento relativo à negociação

e contratação dos ativos financeiros e dos referidos intermediários, qualquer que seja a sua natureza, representando o fundo de investimento, para todos os fins de direito, para essa finalidade; e

II – exercer o direito de voto decorrente dos ativos financeiros detidos pelo fundo, realizando todas as demais ações necessárias para tal exercício, observado o disposto na política de voto do fundo. (CVM, 2014)

É importante, ainda, diferenciar os papéis desempenhados pelo administrador e pelo gestor, pois ambos são imprescindíveis para os fundos de investimento, mas de formas distintas. O administrador, como indicamos na seção anterior, fica incumbido da elaboração de regras, assembleias, atas, regulamentos, entre outros; e o gestor é visto como uma peça-chave para o funcionamento dessa estrutura, já que é responsável pelos investimentos do fundo e, portanto, coloca muitas das determinações fixadas pelo administrador em prática (Stumpf, 2019a). Em outras palavras, o administrador é o responsável por cuidar dos assuntos gerais, ao passo que os gestores têm funções mais ligadas à prática dos investimentos, pois lidam com os ativos.

Vale lembrar que, conforme pontuamos anteriormente, o gestor, muitas vezes, está vinculado a grandes vantagens e facilidades fornecidas pelos fundos de investimento, pois, quando o investidor opta por esse tipo de fundo, automaticamente dá poderes para que o gestor lide e escolha as melhores maneiras de investir o dinheiro aplicado, bem como determine os momentos de compra e venda. Esse é um aspecto de suma importância, uma vez que nem todas as pessoas têm conhecimento sobre os investimentos e seus desdobramentos.

Os gestores decidem quais ativos financeiros vão compor a carteira de investimentos, bem como os momentos adequados para compra e venda de cada um, tendo em vista suas perspectivas de retorno, sem, contudo, deixar de lado assuntos relativos aos riscos e à liquidez dos ativos em questão. Além disso, o gestor considera as políticas de investimento e as normas presentes no regulamento e pode votar quando o assunto em pauta envolver os ativos financeiros detidos pelo fundo.

O papel do gestor não apenas pode ser desempenhado pelo próprio administrador do fundo de investimento e, portanto, por uma pessoa jurídica, mas também pode ser exercido por terceiros contratados exclusivamente para essa função, de modo que tanto as pessoas jurídicas quanto as físicas podem ser contratadas com essa finalidade.

Ademais, há alguns pontos e informações que precisam ser destacados. Em primeiro lugar, os administradores dos fundos e os terceiros que são por ele contratados respondem de forma solidária por eventuais prejuízos causados aos cotistas, pois essas são práticas que vão de encontro à legislação, ao regulamento ou aos atos normativos estabelecidos pela CVM, como, por exemplo, a Instrução CVM n. 555/2014.

Os administradores e os gestores também precisam adotar políticas, procedimentos e controles internos relativos à liquidez da carteira do fundo de investimento, de modo a torná-la compatível com as disposições gerais e os prazos previstos no regulamento ou nas normas concernentes a esse tema. Ambos devem, ainda, atentar para questões como o pedido de resgate e o cumprimento das obrigações atreladas ao fundo.

Há, ainda, a possibilidade de que os administradores e os gestores inicialmente escolhidos como responsáveis pelo fundo de investimento em que o cotista fez a aplicação sejam substituídos, descredenciados ou renunciem. Por isso, algumas disposições abrangem essas hipóteses, como o art. 93 e o art. 94 da Instrução CVM n. 555/2014:

> Art. 93. O administrador e o gestor da carteira do fundo devem ser substituídos nas hipóteses de:
>
> I – descredenciamento para o exercício da atividade de administração de carteiras de valores mobiliários, por decisão da CVM;
>
> II – renúncia; ou
>
> III – destituição, por deliberação da assembleia geral.
>
> Art. 94. Nas hipóteses de renúncia ou descredenciamento, fica o administrador obrigado a convocar imediatamente assembleia geral para eleger seu substituto, a se realizar no prazo de até 15 (quinze) dias, sendo também facultado aos cotistas que detenham ao menos 5% (cinco por cento) das cotas emitidas, em qualquer caso, ou à CVM, nos casos de descredenciamento, a convocação da assembleia geral.

> *§1º No caso de renúncia, o administrador deve permanecer no exercício de suas funções até sua efetiva substituição, que deve ocorrer no prazo máximo de 30 (trinta) dias, sob pena de liquidação do fundo pelo administrador.*
>
> *§2º No caso de descredenciamento, a CVM deve nomear administrador temporário até a eleição de nova administração. (CVM, 2014)*

Assim, o administrador e o gestor precisam ser substituídos nos casos de descredenciamento para o exercício de suas atividades, que acontece por meio de decisão tomada pela CVM; de renúncia; de destituição; ou, ainda, de deliberação efetuada por assembleia geral. É importante destacar que, em caso de descredenciamento, cabe à CVM nomear um administrador temporário, pois os fundos não podem ficar sem a atuação dessas pessoas jurídicas, uma vez que os investimentos continuam acontecendo, assim como as necessidades de compra e venda atreladas a eles. O administrador temporário permanece nessa função até que uma nova eleição ocorra.

Contudo, as questões relativas às funções dos administradores e dos gestores não encerram a composição dos fundos de investimento, sendo também importantes, para esse processo, auditores, custodiantes e cotistas.

3.5 Obrigações e vedações relativas a administradores e gestores de fundos de investimento

Embora os administradores e os gestores apresentem uma gama de competências e desempenhem um vasto conjunto de funções, nem tudo lhes é permitido. Há limites e proibições relacionados ao exercício de suas funções, incidindo sobre as regras e as normas gerais que regem os fundos de investimento.

Segundo o *Dicionário Online de Português*, *vedar* significa "impedir, proibir, interditar" ou, ainda, "tapar ou arrolhar", tendo o primeiro sentido uma relação mais direta com o que estamos discutindo (Vedar, 2021). Isso porque, quando a vedação é apresentada no sentido normativo, está ligada à ideia de proibição, ou seja, trata-se daquilo que não pode ser feito.

Diante disso e considerando a relevância da atuação tanto do administrador quanto do gestor dos fundos de investimento, o art. 89 da Instrução CVM n. 555/2014 assim dispõe:

> Art. 89. É vedado ao administrador e ao gestor, no que aplicável, praticar os seguintes atos em nome do fundo:
>
> I – receber depósito em conta corrente;
>
> II – contrair ou efetuar empréstimos, salvo em modalidade autorizada pela CVM;
>
> III – prestar fiança, aval, aceite ou coobrigar-se sob qualquer outra forma, ressalvada a hipótese prevista no art. 125, inciso V;
>
> IV – vender cotas à prestação, sem prejuízo da integralização a prazo de cotas subscritas;
>
> V – prometer rendimento predeterminado aos cotistas;
>
> VI – realizar operações com ações fora de mercado organizado, ressalvadas as hipóteses de distribuições públicas, de exercício de direito de preferência e de conversão de debêntures em ações, exercício de bônus de subscrição, negociação de ações vinculadas a acordo de acionistas e nos casos em que a CVM tenha concedido prévia e expressa autorização;
>
> VII – utilizar recursos do fundo para pagamento de seguro contra perdas financeiras de cotistas; e
>
> VIII – praticar qualquer ato de liberalidade.
>
> Parágrafo único. Os fundos de investimento podem utilizar seus ativos para prestação de garantias de operações próprias, bem como emprestar e tomar ativos financeiros em empréstimo, desde que tais operações de empréstimo sejam cursadas exclusivamente por meio de serviço autorizado pelo Banco Central do Brasil ou pela CVM. (CVM, 2014)

As obrigações, por sua vez, estão relacionadas àquilo que devemos fazer, ou seja, quando pensamos nas obrigações dos administradores e dos gestores dos fundos de investimento, referimo-nos àquilo que eles precisam cumprir e atender no desempenho de suas funções. Diante da importância dessas determinações, a Instrução CVM n. 555/2014 aborda o assunto em artigo específico, que orienta a atuação desses profissionais e, ao mesmo tempo, limita aquilo que precisam fazer segundo a norma geral.

Nesse sentido, o art. 90 apresenta as principais obrigações do administrador de fundos de investimento. Contudo, não se trata de um artigo taxativo, ou seja, além das obrigações apresentadas pelo dispositivo em análise, existem outras funções que o administrador pode e deve desempenhar e que estão presentes tanto nos demais dispositivos da Instrução CVM n. 555/2014 quanto em outras normas que dispõe sobre o tema.

Art. 90. Incluem-se entre as obrigações do administrador, além das demais previstas nesta Instrução:

I – diligenciar para que sejam mantidos, às suas expensas, atualizados e em perfeita ordem:

a) o registro de cotistas;

b) o livro de atas das assembleias gerais;

c) o livro ou lista de presença de cotistas;

d) os pareceres do auditor independente;

e) os registros contábeis referentes às operações e ao patrimônio do fundo; e

f) a documentação relativa às operações do fundo.

II – solicitar, se for o caso, a admissão à negociação das cotas de fundo fechado em mercado organizado;

III – pagar a multa cominatória, nos termos da legislação vigente, por cada dia de atraso no cumprimento dos prazos previstos nesta Instrução;

IV – elaborar e divulgar as informações previstas no Capítulo VI desta Instrução;

V – manter atualizada junto à CVM a lista de prestadores de serviços contratados pelo fundo, bem como as demais informações cadastrais;

VI – custear as despesas com elaboração e distribuição do material de divulgação do fundo, inclusive da lâmina, se houver;

VII – manter serviço de atendimento ao cotista, responsável pelo esclarecimento de dúvidas e pelo recebimento de reclamações, conforme definido no regulamento do fundo;

VIII – observar as disposições constantes do regulamento;

IX – cumprir as deliberações da assembleia geral; e

X – fiscalizar os serviços prestados por terceiros contratados pelo fundo.

Parágrafo único. O serviço de atendimento ao cotista deve ser subordinado diretamente ao diretor responsável perante a CVM pela administração do fundo ou a outro diretor especialmente indicado à CVM para essa função, ou ainda, conforme o caso, a um diretor indicado pela instituição responsável pela distribuição ou gestão do fundo, contratada pelo fundo. (CVM, 2014)

Observamos que os administradores e os gestores dos fundos de investimento não desempenham as mesmas funções e devem atender a regras e requisitos distintos. Contudo, também verificamos que ambos devem atuar em conjunto para que esses fundos funcionem da maneira desejada e esperada.

Nesse sentido, além das obrigações presentes no art. 90, os administradores precisam observar outras, que são apresentadas no art. 91 e devem ser desempenhadas conjuntamente com os gestores, como pode ser visto a seguir:

Art. 91. O administrador e o gestor devem, conjuntamente, adotar as políticas, procedimentos e controles internos necessários para que a liquidez da carteira do fundo seja compatível com:

I – os prazos previstos no regulamento para pagamento dos pedidos de resgate; e

II – o cumprimento das obrigações do fundo.

§ 1º As políticas, procedimentos e controles internos de que trata o caput devem levar em conta, no mínimo:

I – a liquidez dos diferentes ativos financeiros do fundo;

II – as obrigações do fundo, incluindo depósitos de margem esperados e outras garantias;

III – os valores de resgate esperados em condições ordinárias, calculados com critérios estatísticos consistentes e verificáveis; e

IV – o grau de dispersão da propriedade das cotas.

§ 2º O administrador deve submeter a carteira do fundo a testes de estresse periódicos com cenários que levem em consideração, no mínimo, as movimentações do passivo, a liquidez dos ativos, as obrigações e a cotização do fundo.

§ 3º A periodicidade de que trata o § 2º deste artigo deve ser adequada às características do fundo, às variações históricas dos cenários eleitos para o teste, e às condições de mercado vigentes.

§ 4º Os critérios utilizados na elaboração das políticas, procedimentos e controles internos de liquidez, inclusive em cenários de estresse, devem ser consistentes e passíveis de verificação.

§ 5º Caso o fundo invista em cotas de outros fundos de investimento, o administrador e o gestor, devem, em conjunto e diligentemente avaliar a liquidez do fundo investido, considerando, no mínimo:

I – o volume investido;

II – as regras de pagamento de resgate do fundo investido; e

III – os sistemas e ferramentas de gestão de liquidez utilizados pelo administrador e gestor do fundo investido.

§ 6º As disposições deste artigo não se aplicam aos fundos fechados. (CVM, 2014)

A Instrução CVM n. 555/2014 também estabelece algumas normas de conduta que o administrador e o gestor devem seguir. Antes de as abordarmos, é necessário compreendermos o que são as normas de conduta.

As **normas de conduta** são responsáveis por estabelecer as relações, os comportamentos e as decisões que envolvem profissionais, prestadores de serviço, clientes, mercado e a sociedade como um todo. Assim, essas normas englobam os comportamentos que estão presentes nas atividades diárias, bem como as que são importantes e necessárias para a condução dos negócios da empresa.

Considerando o contexto dos fundos de investimento, bem como as atribuições, vedações e obrigações dos administradores e gestores apresentadas até aqui, o art. 92 da Instrução CVM n. 555/2014 elenca as normas de conduta que precisam ser atendidas por eles, de acordo com seus deveres e suas competências:

I – exercer suas atividades buscando sempre as melhores condições para o fundo, empregando o cuidado e a diligência que todo homem ativo e probo costuma dispensar à administração de seus próprios negócios, atuando com lealdade em relação aos interesses dos cotistas e do fundo, evitando práticas que possam ferir a relação fiduciária com eles mantida, e respondendo por quaisquer infrações ou irregularidades que venham a ser cometidas sob sua administração ou gestão;

II – exercer, ou diligenciar para que sejam exercidos, todos os direitos decorrentes do patrimônio e das atividades do fundo, ressalvado o que dispuser a política relativa ao exercício de direito de voto do fundo; e

III – empregar, na defesa dos direitos do cotista, a diligência exigida pelas circunstâncias, praticando todos os atos necessários para assegurá-los, e adotando as medidas judiciais cabíveis.

§1º Sem prejuízo da remuneração que é devida ao administrador e ao gestor na qualidade de prestadores de serviços do fundo, o administrador e o gestor devem transferir ao fundo qualquer benefício ou vantagem que possam alcançar em decorrência de sua condição.

§ 2º É vedado ao administrador, ao gestor e ao consultor o recebimento de qualquer remuneração, benefício ou vantagem, direta ou indiretamente por meio de partes relacionadas, que potencialmente prejudique a independência na tomada de decisão de investimento pelo fundo.

§ 3º A vedação de que trata o § 2º não incide sobre investimentos realizados por:

I – fundo de investimento em cotas de fundo de investimento que invista mais de 95% (noventa e cinco por cento) de seu patrimônio em um único fundo de investimento; ou

II – fundos de investimento exclusivamente destinados a investidores profissionais, desde que a totalidade dos cotistas assine termo de ciência [...]. (CVM, 2014)

Assim, o atendimento às normas de conduta é essencial para um bom funcionamento dos fundos de investimento e, mais do que isso, para uma boa relação entre seus componentes, evitando problemas futuros.

Nesse contexto, administradores e gestores de fundos de investimento devem atuar de forma diligente e cautelosa, obedecendo não só às normas presentes nas instruções e nos instrumentos legais, mas também cumprindo os aspectos atrelados à moral e aos bons costumes e considerando as questões necessárias para uma boa administração dos negócios. Desse modo, precisam atuar com lealdade e em nome dos interesses dos cotistas e do fundo, sendo responsabilizados caso qualquer tipo de infração ou de irregularidade seja cometido sob sua administração ou gestão (Arruda, 2015).

Além das regulações apresentadas, os administradores e gestores devem obedecer ao disposto no art. 14 da Instrução n. 306, de 5 de maio de 1999, da CVM, que estabelece os deveres de informar e declarar potenciais conflitos de interesses e alertar acerca dos riscos a que as carteiras possam estar submetidas (CVM, 1999).

Os casos de responsabilização de administradores e gestores de fundos de investimentos remetem ao art. 927 do Código Civil – Lei n. 10.406, de 10 de janeiro de 2002 –, que estabelece as hipóteses de responsabilidade civil (Brasil, 2002). Grande parte da doutrina e da jurisprudência apresenta posicionamentos divergentes a respeito da responsabilidade que deve ser aplicada nesses casos: se a subjetiva ou a objetiva. Portanto, esse aspecto é decidido por meio da análise do caso concreto.

3.6 Instrução CVM n. 558/2015

A Instrução n. 558, de 26 de março de 2015, da CVM dispõe sobre o exercício profissional de administração de carteiras de valores mobiliários (CVM, 2015), tendo revogado a Instrução CVM n. 306/1999. A implementação dessa nova instrução alterou a regulação das atividades de administradores e gestores de carteiras de valores mobiliários. Assim, essas funções passaram a ser individualizadas e as diferenças entre elas tornaram-se ainda mais claras.

Figura 3.4 – Revogação da Instrução CVM n. 306/1999

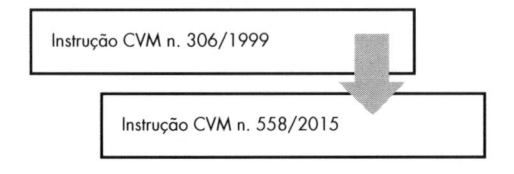

> Instrução CVM n. 306/1999
>
> Instrução CVM n. 558/2015

A Instrução CVM n. 558/2015 estabeleceu funções e responsabilidades distintas, com base em práticas adotadas pelo mercado. Nesse sentido, a CVM criou duas categorias de registro, que podem ser obtidas tanto de forma separada quanto em conjunto. A primeira é denominada *administrador fiduciário* e compreende o responsável pela custódia, pelo controle dos ativos e passivos, bem como pela supervisão da gestão. A segunda recebe o nome de *gestor de recursos* e designa o responsável pelas decisões de investimento.

Assim, o art. 1º da Instrução CVM n. 558/2015 estabelece:

> Art. 1º A administração de carteiras de valores mobiliários é o exercício profissional de atividades relacionadas, direta ou indiretamente, ao funcionamento, à manutenção e à gestão de uma carteira de valores mobiliários, incluindo a

aplicação de recursos financeiros no mercado de valores mobiliários por conta do investidor. (CVM, 2015)

A atividade desempenhada pelo administrador passou a ser restrita a instituições financeiras, ou seja, a pessoas jurídicas que obedecem às regras estabelecidas pela CVM. A nova instrução ainda determina que, nos casos em que a pessoa jurídica exerce atividade de administrador fiduciário de forma exclusiva das carteiras administradas, não há exigência de capital mínimo.

Quanto aos gestores dos recursos, a instrução determina que a autorização para o desempenho dessa função pode ser dada tanto a pessoas físicas quanto jurídicas, desde que os requisitos da regulamentação sejam devidamente atendidos. No que se refere às pessoas físicas, foi acrescentado um requisito interessante relativo à experiência profissional, que passa a necessitar de comprovação por meio de exame de certificação.

Já a pessoa jurídica precisa nomear um diretor responsável pelo cumprimento da nova norma, bem como das políticas e dos controles internos. Além disso, deve existir um diretor responsável pela gestão dos riscos no caso do "gestor de recursos". É importante destacar que, no que se refere à pessoa jurídica, é obrigatória a presença de um diretor responsável pela administração da carteira.

Diante do exposto, a nova norma foi incumbida de implementar diversas mudanças e atualizações, demonstrando uma preocupação da CVM com a promoção da segurança e a proteção dos direitos daqueles que participam do mercado financeiro, englobando as variadas funções relevantes para o bom funcionamento dos fundos e dos investimentos propriamente ditos. Com isso, assegura-se a existência de atividades adequadas, que, diante de conflitos de interesse, busque solucioná-los da forma menos danosa possível para os envolvidos.

3.7 Como montar um fundo de investimento

O mercado de investimentos pode ser uma alternativa interessante e atrativa para ampliação das rendas e dos ativos daqueles que decidem investir.

Nesse sentido, a abordagem teórica que construímos até o momento é de suma importância para uma melhor compreensão sobre os fundos de investimento. No entanto, também é relevante que a criação desses fundos seja discutida visando à prática. Ademais, cumpre ressaltar que os fundos podem ser uma boa opção de negócio.

Resumidamente, a criação de fundos de investimento envolve a busca pelas entidades reguladoras do mercado e o atendimento aos requisitos exigidos pelos órgãos reguladores. Por isso, os padrões legais devem ser devidamente preenchidos e se enquadrar em seus nichos de atuação. Observe, na Figura 3.5, a seguir, os passos necessários para a montagem dos fundos de investimento.

Figura 3.5 – Passos para criação de fundos de investimento

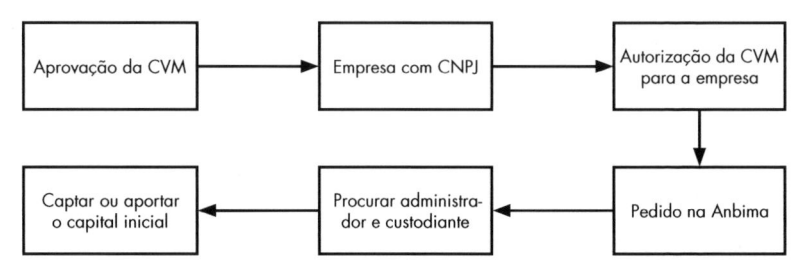

Aprovação da CVM → Empresa com CNPJ → Autorização da CVM para a empresa → Pedido na Anbima → Procurar administrador e custodiante → Captar ou aportar o capital inicial

Fonte: Elaborado com base em Campagnaro, 2021.

Os ensinamentos apresentados por Campagnaro (2021) indicam a existência de seis passos necessários para a criação dos fundos de investimento. Antes de analisá-los, é necessário ter em mente que, nesse processo, um grupo de pessoas une recursos financeiros com a intenção de alcançar lucros. Para isso, depositam sua confiança em um gestor profissional qualificado que possa desempenhar as respectivas funções.

Como pontuamos, cabe ao gestor analisar o mercado financeiro e escolher os melhores investimentos, tendo em vista o perfil do fundo e os interesses do investidor, para que, apenas em seguida, a carteira seja montada. Diante disso, com base na Figura 3.5 e nos pontos destacados por Campagnaro (2021), o primeiro passo para a criação dos fundos de investimentos refere-se ao **gestor**, já que este precisa receber o título de aprovação da CVM.

O segundo passo é a **abertura de uma empresa** com CNPJ e razão social voltada para o âmbito da administração de recursos. O terceiro passo está diretamente atrelado ao primeiro, pois concerne à necessidade de que a CVM conceda uma **autorização** para que a empresa administre os recursos. O quarto passo consiste em dar a entrada com o **pedido na Associação Brasileira das Entidades dos Mercados Financeiros e de Capitais** (Anbima) para que ocorra a adesão ao código de melhores práticas de mercado. O quinto passo é a busca por um **administrador** e um **custodiante** para o fundo de investimento. Por fim, no sexto passo, deve haver a captação ou o aporte do **capital inicial**.

Quando realizamos a leitura dos passos necessários para a criação de fundos de investimento, podemos imaginar, em algum momento, que essa montagem ocorre de maneira rápida. Contudo, na prática, o processo apresentado pode demorar de seis meses a dois anos para ser concluído.

Além da criação dos fundos de investimento, pode ser adicionada a essa implementação a criação de um patrimônio líquido (PL) menor, com valor estipulado entre R$ 500 mil e R$ 5 milhões.

Obviamente, após a entrada com o processo de abertura dos fundos de investimento, espera-se que estes funcionem e sejam implementados com sucesso. Essa intenção fica ainda mais veemente se considerarmos que, nos casos em que os fundos não se desenvolvem, as despesas são ainda mais altas do que o habitual, sendo comum que muitos sejam fechados por falta de fôlego, de acordo com Campagnaro (2021). Isso geralmente acontece em razão da ausência de condições financeiras que possibilitem o atendimento de todas as etapas necessárias para sua criação e, posteriormente, para seu correto funcionamento. Diante disso, o autor explica que quanto menor for o PL, maior será o impacto dos custos na rentabilidade total do fundo (Campagnaro, 2021).

3.8 Problemas dos fundos de investimento

Ainda que os fundos de investimentos contem com várias vantagens e sejam considerados de mais fácil compreensão e execução em relação a outros investimentos, eles não estão livres de desvantagens nem de problemas.

Os obstáculos relativos a esses fundos podem ser resolvidos mediante intervenção da CVM, que tem, entre suas competências, o dever de fiscalizar as empresas que prestam serviços. Assim, corretoras e fundos de investimento devem estar registrados e prestar de contas de sua atuação.

Muitos problemas podem ser evitados se, antes de realizarem seus investimentos, os investidores adotarem cuidados básicos quando de suas escolhas. Diante disso, é importante que chequem se a empresa à qual confiam seus recursos é responsável e está devidamente apta a cuidar deles.

Nos casos em que as irregularidades são comprovadas, é possível recorrer à CVM para que os direitos e os interesses dos investidores sejam atendidos. Por isso, qualquer irregularidade é passível de punição e, em alguns casos, as empresas podem, até mesmo, perder a autorização para atuar no mercado.

Os problemas não são suficientes nem responsáveis por retirar a segurança dos fundos de investimento. Contudo, para que seu funcionamento não seja afetado de forma tão gravosa, é preciso que as empresas se preocupem e cuidem de sua credibilidade, bem como destinem atenção ao atendimento dos pré-requisitos, pois, assim, serão vistas como sérias e registradas, o que passa maior confiabilidade para aqueles que buscam seus serviços.

Para saber mais

D'AGOSTO, M. Com coronavírus, meu fundo pode fechar para resgates? **Valor Investe**, 16 mar. 2020. Disponível em: <https://valorinveste.globo.com/blogs/marcelo-dagosto/post/2020/03/com-coronavirus-meu-fundo-pode-fechar-para-resgates.ghtml>. Acesso em: 7 jul. 2021.

Situações externas podem oferecer riscos e problemas ao funcionamento de fundos de investimento. Portanto, a forma com que os administradores lidam com esses cenários é responsável por fornecer destaque e fama para as empresas responsáveis por esses fundos, principalmente quando os problemas e as soluções atingem nível mundial. A pandemia de covid-19 provocou danos em diversos setores da sociedade. Entre eles, a economia foi severamente afetada e, por conseguinte, os fundos de investimento foram atingidos. Sobre essa questão, recomendamos a leitura do artigo ora indicado, publicado no *Valor Investe*.

É importante, ainda, destacar que, mesmo que uma empresa seja altamente credível, imprevistos podem acontecer. Todavia, a forma como ela lida com essas situações também deve ser avaliada, uma vez que os riscos naturais aos fundos de investimento sempre estão presentes. Diante disso, as boas empresas sabem dirimir e amenizar os efeitos negativos, ainda que não consiga extingui-los.

Síntese

- Os administradores dos fundos de investimento são pessoas jurídicas.
- Os gestores dos fundos de investimento podem ser tanto pessoas jurídicas quanto físicas.
- As principais regras acerca da atuação, das obrigações e das vedações impostas aos administradores e aos gestores dos fundos de investimento estão presentes na Instrução n. 555, de 17 de dezembro de 2014, da Comissão de Valores Mobiliários (CVM, 2014).
- A montagem dos fundos de investimento envolve seis passos: (1) aprovação da CVM; (2) abertura de uma empresa com CNPJ; (3) autorização da CVM para a empresa; (4) entrada com o pedido de adesão na Anbima; (5) busca por um administrador e um custodiante; e (6) captação ou aporte do capital inicial.
- Em caso de infrações e problemas relativos à administração e à gestão dos fundos de investimento, a CVM deve ser procurada para que as providências necessárias sejam tomadas.

Fundos de pensão

Conteúdos do capítulo

- Aspectos gerais das pensões.
- Tipos de pensão.
- Conceito de fundo de pensão.
- Funcionamento dos fundos de pensão.
- Riscos dos fundos de pensão.
- Principais fundos de pensão existentes no Brasil.

Após o estudo deste capítulo, você será capaz de:

1. identificar os principais aspectos das pensões e a diversidade de situações em elas podem surgir nos meios financeiro, jurídico, entre outros;
2. compreender o que são os fundos de pensão e suas principais consequências;
3. entender a formação e o funcionamento dos fundos de pensão;
4. analisar os riscos que os investidores dos fundos de pensão enfrentam ao escolher esse tipo de investimento;
5. identificar os principais fundos de pensão do Brasil e os aspectos que asseguram esse papel no sistema nacional.

capítulo 4

Quando falamos em pensão, qual é a primeira referência que vem à sua mente? É muito provável que não seja algo relacionado ao mundo financeiro, aos investimentos ou a um tipo de fundo. Certo? Ao longo deste capítulo, discutiremos um pouco mais sobre esse termo e evidenciaremos sua relação com a gestão de fundos e a previdência.

No âmbito jurídico, muito se discute acerca da pensão e da obrigatoriedade de seu pagamento, já que, muitas vezes, é considerada ou um direito fundamental de quem a recebe, ou uma garantidora de direitos. A mídia também veicula, constantemente, reportagens que tratam do pagamento de pensões, englobando pontos polêmicos do assunto.

As pensões podem ser abordadas sob diversas óticas. Comumente, são relacionadas ao pós-morte ou às pensões alimentícias, que, por lei, os pais devem pagar aos filhos em situações de separação ou divórcio. Apesar desses usos mais comuns, as pensões também podem ser analisadas por outra ótica, tendo aplicação no meio financeiro e no campo dos investimentos.

Até este ponto, foi possível constatar o quanto os fundos de investimentos, apesar de suas desvantagens, podem ser vistos como uma maneira simples e menos complexa de realizar investimentos, principalmente se considerarmos a função e o papel de seus gestores, que executam tarefas complexas, desconhecidas pela população em geral.

Neste capítulo, nosso estudo será direcionado aos fundos de pensão. Com base no conteúdo que apresentaremos ao longo das seções a seguir, você compreenderá o que são esses fundos e como eles funcionam, com destaque, ainda, aos principais riscos que enfrentam e oferecem. Para finalizar o tema, analisaremos os principais fundos de pensão do Brasil.

Então, pronto para ampliar seus saberes? Vamos lá!

4.1 Aspectos gerais da pensão

Ao digitarmos o termo *pensão* no motor de pesquisas do Google, deparamo-nos com uma variedade de reportagens, artigos e notícias que aludem à pensão alimentícia e à pensão por morte. Também encontramos propagandas e anúncios de pensões em sua acepção relacionada a hospedarias e viagens. Todavia, inicialmente, não verificamos nada que atrele o termo ao mundo financeiro, mesmo que este também se faça presente nesse meio e mereça destaque, sendo, inclusive, objeto do nosso estudo.

Diante do exposto, julgamos necessário realizar algumas análises gerais, ainda que breves, antes de adentrarmos no tema principal deste capítulo. Assim, segundo o *Dicionário Online de Português*, a palavra *pensão* apresenta diversos sentidos, a depender do contexto em que esteja inserida. É possível compreendê-la como uma "Renda paga a alguém durante um período de tempo" e, do ponto de vista jurídico, pode ser entendida como uma "Quantia em dinheiro que, por autorização judicial ou legal, obriga alguém a pagar" dado valor a outrem, a fim de cobrir as despesas alimentares, sendo, nesse caso, denominada *pensão alimentícia* (Pensão, 2021).

No âmbito jurídico, verificamos que existem diversos tipos de pensão, como a pensão alimentícia, a pensão por morte e a pensão por invalidez, além da aposentadoria, que, apesar de sua nomenclatura, também é um tipo de pensão. Há, ainda, uma opção de investimento denominada *fundo de pensão*, que será o objeto central de nossa análise.

Figura 4.1 – Diferentes categorias de pensão

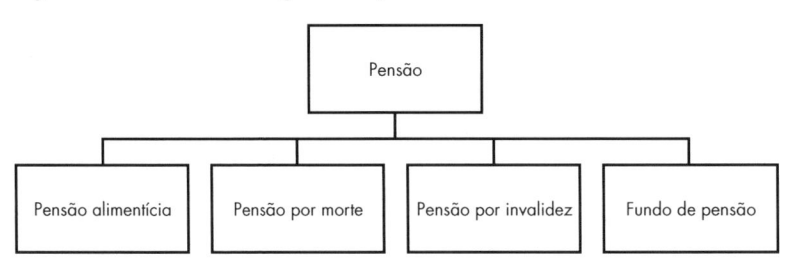

```
                    Pensão
     ┌─────────┬──────────┬──────────┐
Pensão    Pensão      Pensão       Fundo
alimentícia por morte  por invalidez de pensão
```

De maneira geral, a **pensão alimentícia** corresponde ao valor que uma pessoa precisa pagar a outra, de forma periódica, em razão de custos de "alimentos", entendidos como despesas relativas ao atendimento de necessidades e direitos básicos, envolvendo, portanto, questões relativas à saúde, à educação, à vestimenta, ao lazer, entre tantas outras. Essa pensão está vinculada a questões do convívio familiar e sempre deve ser paga por quem tem o dever de prestar suporte financeiro, não importando se essa pessoa é a mãe, o pai, a avó, o avô etc.

O valor da pensão alimentícia não é o mesmo para todas as pessoas, já que deve considerar tanto as necessidades de quem a recebe quanto as condições daquele que a fornece. Dessa forma, ao ser fixado o valor da pensão alimentícia, seja pelo juiz, seja por meio de acordo entre as partes, deve-se buscar uma situação de equilíbrio, ou seja, deve haver uma paridade entre as condições financeiras de quem vai receber e as de quem vai pagar.

Para saber mais

FINANÇAS FEMININAS. **Qual é o valor da pensão alimentícia? (Direito de família).** Disponível em: <https://www.youtube.com/watch?v=ktyZ4KOAP2A>. Acesso em: 7 jul. 2021.

Esse vídeo ajuda a compreender melhor como ocorre o cálculo do valor da pensão alimentícia, considerando os critérios que influenciam o processo, sob a ótica normativa que rege o direito da família.

Outro tipo de pensão que recebe bastante destaque e é constante alvo de discussões, polêmicas e, até mesmo, modificações legais é a **pensão por morte**. Esta, diferentemente da anterior, não é paga por uma pessoa, mas pelo Estado, sendo o destinatário algum dependente do falecido. São enquadrados como dependentes: cônjuges; companheiros; filhos e enteados menores de 21 anos ou inválidos. Há, ainda, casos e exceções em que a idade pode ser flexibilizada, de acordo com entendimentos jurisprudenciais e doutrinários.

Esse benefício é pago mediante confirmação do falecimento do indivíduo no Instituto Nacional de Seguridade Social (INSS), órgão responsável pelo pagamento das pensões em geral. Assim como ocorre nas alimentícias, o valor da pensão por morte não é o mesmo para todas as pessoas. São necessários o atendimento a certos critérios e a análise de determinados dados para que o valor seja fixado, de acordo com um cálculo feito em função das contribuições efetuadas para o INSS pela pessoa falecida, enquanto ainda estava viva. Nos casos em que a pessoa falecida recebia aposentadoria, o valor da pensão é igual ao valor dos proventos.

Para saber mais

PENSÃO e aposentadoria: posso receber ambos do INSS? **MixVale**, 2 out. 2020. Disponível em: <https://www.mixvale.com.br/2020/10/02/pensao-e-aposentadoria-posso-receber-ambos-do-inss/>. Acesso em: 7 jul. 2021.

Muitas dúvidas surgem quando o assunto é a determinação dos valores relativos às pensões por morte e à aposentadoria, havendo questionamentos também sobre a possibilidade de cumulação dos dois benefícios. Essas questões cresceram com a aprovação, em 2019, da reforma da previdência – Emenda Constitucional n. 103, de 12 de novembro de 2019 (Brasil 2019) –, e aquilo que, até então, era tido como certo e legal foi alterado. Assim, com o intuito de atualizar os conhecimentos sobre o tema, sugerimos a leitura do artigo ora indicado.

Também é importante mencionar a **pensão por invalidez**, comumente conhecida como *aposentadoria por invalidez*, fornecida pelo Estado para aquelas pessoas que não podem mais trabalhar em decorrência de acidentes ou doenças. Para ser concedida, a aposentadoria por invalidez depende de comprovação da invalidez no INSS, por meio de perícias médicas que oferecem laudos atestando a condição alegada pelo trabalhador. Assim, quando ficam comprovadas a incapacidade permanente e, portanto, a impossibilidade de desempenhar atividades laborais, a aposentadoria é concedida.

O valor pago em razão da aposentadoria por invalidez depende do tempo e dos valores destinados à contribuição com o INSS até o momento da solicitação da aposentadoria. Dessa forma, nos casos relativos tanto à pensão por morte quanto à pensão por invalidez, não são todas as pessoas que têm o direito a receber tais valores, já que estes estão vinculados às contribuições prestadas ao INSS. Nesse sentido, quem nunca contribuiu não tem direito à aposentadoria por invalidez, sendo a mesma regra aplicada a seus dependentes no caso da concessão da pensão por morte.

4.2 Introdução aos fundos de pensão

Embora os fundos de pensão venham ganhando cada vez mais relevância e atenção no Brasil, muitas pessoas ainda não compreendem o que é e como funciona esse tipo de investimento, bem como desconhecem suas vantagens, suas desvantagens e seus riscos.

É normal que surjam dúvidas sobre o tema, tendo em vista que os fundos de pensão estão, atualmente, tornando-se alternativas mais populares. No entanto, nem sempre foi assim. Seu histórico indica que esses fundos eram fornecidos somente por grandes empresas, como um benefício destinado à manutenção dos profissionais que atuavam em seus quadros. Nesse sentido, funcionavam como um atrativo para os empregados, fazendo com que eles não tivessem interesse em sair da empresa em razão das vantagens provenientes da associação dos fundos de pensão, uma vez que esses benefícios podiam não ser oferecidos em outros lugares.

Com o tempo, houve um aumento do interesse pelos benefícios que podem ser obtidos pelos associados dos fundos de pensão, com uma maior busca por informações sobre essa modalidade de investimento. Isso demonstra uma mudança de percepção dos brasileiros, que se tornam cada vez mais abertos para os investimentos a longo prazo. Além disso, é possível constatar que esse crescimento de interesse anda de mãos dadas com as preocupações relativas à aposentadoria, visto que estas podem ser intensificadas pela vontade dos contribuintes de alcançar uma renda satisfatória para os anos em que estiverem aposentados.

A aposentadoria é um tema que mexe com a cabeça de grande parte dos brasileiros, pois, em regra, exercemos nossas atividades laborativas com a perspectiva de que, em dado momento – em razão das circunstâncias e das decorrências da vida humana –, não teremos mais capacidade e/ou vontade de efetuá-las. No entanto, ainda necessitaremos do dinheiro para a manutenção de direitos fundamentais, como lazer, saúde, vida, segurança; portanto, é imprescindível que existam maneiras de assegurá-los. A aposentadoria é, justamente, uma dessas maneiras.

Esse benefício possibilita que o trabalhador que, durante vários anos, destinou parte de seus salários à contribuição usufrua do descanso merecido e confortável na terceira idade ou em caso de acidentes e doenças.

Nesse sentido, o governo oferece meios para a obtenção da aposentadoria, mas nem sempre os beneficiários consideram essa quantia suficiente e, por isso, procuram formas de complementá-la, como por meio dos fundos de pensão.

4.3 Fundo de pensão: conceito e características gerais

Os fundos de pensão, também denominados *entidades fechadas de previdência complementar* (EFPCs), são pessoas jurídicas de direito privado voltadas à administração e à execução de planos de benefícios de natureza previdenciária (Pinheiro; Paixão; Chedak, 2005). Dessa forma, os fundos de pensão funcionam como administradoras de recursos pertencentes a terceiros, que são os cotistas e os investidores. Eles podem ser responsáveis pela administração de recursos presentes tanto em apenas um plano de benefício quanto em mais de um. Nos casos de multiplicidade, a contabilização e o controle precisam considerar a segregação dos planos e a consolidação das EFPCs.

De acordo com Pinheiro, Paixão e Chedak (2005), a **atividade-meio** dos fundos de pensão compreende receber as contribuições previdenciárias e investi-las, ao passo que sua **atividade-fim** consiste no pagamento de benefícios de natureza previdenciária.

Em razão desses fatores, o alcance das principais finalidades a serem atingidas dependem do sucesso da arrecadação e da aplicação dos recursos de terceiros, dos investimentos efetuados com eles e da qualidade do administrador. Assim, a associação do participante do plano de previdência com o fundo de pensão não tem curta duração; pelo contrário, esse relacionamento é estabelecido por vários anos, até mesmo décadas. Para Pinheiro, Paixão e Chedak (2005), espera-se que, em média, esses vínculos durem 50 anos ou mais.

Os fundos de pensão são dotados de **natureza coletiva** e não têm fins lucrativos. Por isso, são considerados boas opções de investimento, na medida em que asseguram um meio eficiente de complementar a aposentadoria. O benefício resultante do investimento é pago quando o empregado se aposenta, e os pagamentos são efetuados em parcelas mensais.

Assim como os fundos de investimentos, os fundos de pensão também precisam ser administrados com cautela, pois, como há recursos e bens de terceiros envolvidos, os cuidados e as atenções precisam ser dobrados. Portanto, é necessária uma gestão prudente que atenda aos interesses dos investidores e considere os detalhes relativos a cada situação. Afinal, esses fundos têm como finalidade principal pagar benefícios nos casos de perda da capacidade laborativa dos participantes, seja por incapacitação, seja por morte.

> **Pergunta & resposta**
>
> **Os fundos de pensão objetivam render lucros para os cotistas a curto prazo?**
>
> Entre as principais características dos fundos de pensão, podemos destacar o fato de não serem investimentos voltados para resultados de curto prazo, tendo em vista que os optantes por esses investimentos objetivam recolher benefícios no futuro, no momento de sua aposentadoria, por exemplo, de modo que se caracterizam como sendo de longo prazo.

Os recursos acumulam-se com o tempo, tendem a ser vultuosos e estão disponíveis por um longo período, pois resultam das poupanças previdenciárias de muitas pessoas, que são investidas de forma coletiva. Pinheiro, Paixão e Chedak (2005) destacam, ainda, que esses recursos são aplicados a fim de que, no futuro, se tornem líquidos, ou seja, que se convertam em dinheiro, de modo a proporcionar pagamentos de benefícios previdenciários periódicos e frequentes.

Além da aposentadoria, existe outra forma de os contribuintes resgatarem os valores investidos nos fundos de pensão, qual seja, diante da hipótese de perda do emprego. Nessa situação, o empregado tem o direito de resgatar parte do dinheiro contribuído no período trabalhado na empresa. Contudo, como a finalidade do fundo de pensão não é essa, tal hipótese acaba sendo desvantajosa a longo prazo, ou seja, o resgate feito no momento da aposentadoria rende benefícios menores para o empregado.

Uma vez que os fundos de pensão são um tipo de previdência complementar, os valores depositados neles podem ser deduzidos dos cálculos do Imposto de Renda (IR), o que configura outro benefício a curto prazo.

Muitas das características apresentadas ao longo desta seção podem ser enquadradas como pontos fortes desse tipo de fundo, mas não são os únicos. Outra vantagem que pode ser citada é relativa ao favorecimento das pessoas que não desejam depender apenas da aposentadoria fornecida pelo INSS, visto que seu valor é diminuto e não supre as necessidades futuras do contribuinte. Além disso, os fundos de pensão podem fornecer a chamada *contrapartida*, ou seja, os valores contribuídos referem-se a valores aplicados em seu nome perante o estatuto.

Os fundos de pensão podem ser oferecidos por empresas para seus funcionários e colaboradores. Dessa forma, tanto as empresas privadas quanto as estatais têm acesso a esse tipo de benefício. Assim, a partir da adesão, o empregado tem a responsabilidade de, além de contribuir com a previdência social do INSS, contribuir com o fundo e pensão. Contudo, essa última contribuição não recai totalmente sobre os ombros do empregado, pois a empresa subsidia uma parte para cada profissional.

Em decorrência disso, os participantes de um fundo de pensão podem compor um público variado, desde que estejam vinculados à empresa que fornece o acesso a ele. Nesse sentido, reúnem-se os interesses dos patrocinadores, das empresas e dos empregados, que destinam suas contribuições para a formação de reservas, visando ao pagamento de benefícios em cenário futuro.

Vale ressaltar que as entidades de classe, como sindicatos, centrais sindicais e conselhos de profissionais liberais, também estão aptas a instituir EFPCs destinadas a seus associados.

O que é?

Os **profissionais liberais** são aqueles com formação universitária ou técnica que têm liberdade para executar e desempenhar suas atividades, podendo, ainda, ter empregados ou trabalhadores por conta própria. Alguns exemplos são os médicos, os advogados, os arquitetos, os dentistas e os jornalistas. É importante, ainda, ter em mente que profissional liberal e profissional autônomo não se confundem, uma vez que este último é aquele que não tem vínculo empregatício, podendo ou não ser qualificado.

Também é importante destacar o papel de instituidor, isto é, a entidade responsável por criar ou instituir o plano dos filiados ou associados, gerando as contribuições imprescindíveis para a formação das reservas relativas ao término de dado período, tornando possível o pagamento de rendas adicionais. Entre as principais características dos instituidores está a possibilidade de realizar eventuais contribuições para o plano, mas estas não podem ser obrigatórias nem confundidas com as obrigatoriedades decorrentes das relações de patrocínio. Além disso, os planos de benefícios podem atender aos diferentes tipos de fundo de pensão, o que acaba possibilitando diversas configurações e formas de recebimento dos valores. Salientamos, ainda, que a decisão de participar no plano previdenciário cabe a cada associado de forma individualizada.

Considerando a natureza, as características e a definição dos fundos de pensão, concordamos com Pinheiro, Paixão e Chedak (2005), os quais afirmam que esses fundos precisam adequar e equilibrar suas atividades-meio à sua atividade-fim. Em outras palavras, é preciso que eles adequem seus investimentos à finalidade de pagar benefícios aos participantes que investem seus recursos com a intenção de reavê-los no futuro, em situações de impossibilidade de prestação de sua atividade laborativa.

Exercício resolvido

Os fundos de pensão são planos de previdência complementar fechados, fornecidos por empresas que visam oferecer apoio aos funcionários para a complementação de suas aposentadorias, bem como motivá-los para que estes desempenhem suas funções com lealdade e atenção. Diante disso, assinale a alternativa correta acerca dos fundos de pensão:

a. Os fundos de pensão podem ser entendidos como sinônimos de todos os tipos de planos de previdência complementar, tendo em vista que não apresentam fins lucrativos.
b. Os fundos de pensão não são destinados a todas as pessoas, uma vez que apenas os empregados e os colaboradores das empresas que disponibilizam essa opção podem aderir a eles.
c. Os fundos de pensão funcionam como substitutos do Regime Geral de Previdência Social (RGPS), portanto, aqueles contribuintes que investem no fundo não têm direito ao benefício concedido pelo Instituto Nacional de Seguridade Social (INSS).

d. Os fundos de pensão não são opções vantajosas, por isso estão cada vez mais obsoletos, e as pessoas que desejam obter maiores valores em sua aposentadoria não devem recorrer a eles, mas sim a planos complementares de natureza aberta, que apresentam custos menores em relação aos de natureza fechada.

Gabarito: b

Comentário: A alternativa b está correta, já que os fundos de pensão são destinados aos empregados das empresas que fornecem essa opção. A alternativa a está incorreta, pois, embora os fundos de pensão não apresentem fins lucrativos, existem outros planos complementares de previdência com fins lucrativos. A alternativa c não deve ser assinalada, eis que os fundos de pensão não substituem os benefícios do RGPS, mas complementam a aposentadoria fornecida pelo INSS. Por fim, a alternativa d está errada, pois os fundos de pensão oferecem inúmeras vantagens e apresentam custos menores quando comparados aos planos de previdência complementar abertos.

Os fundos de pensão necessitam de **supervisão**, por isso, é designado um órgão com essa finalidade: a Superintendência Nacional de Previdência Complementar (Previc), responsável por garantir que as instituições exerçam suas atividades de forma correta e legal.

É importante, ainda, ressaltar que as especificidades e as peculiaridades atreladas aos fundos de pensão também dependem das normas estabelecidas pelas corporações ou pelas empresas estatais. Além disso, esses fundos são regidos por normas gerais estabelecidas pelo Conselho de Gestão da Previdência Complementar (CGPC), vinculado à Secretaria de Previdência Complementar (SPC), que, por sua vez, está atrelada ao Ministério da Previdência Social. Assim, cabe à SPC definir as diretrizes básicas para o sistema de previdência complementar do Brasil, promovendo a harmonia das atividades das entidades fechadas de previdência privada em relação às políticas governamentais de desenvolvimento social, econômico e financeiro.

Além das mencionadas funções, também é de competência da SPC: efetuar a supervisão, a coordenação, a orientação e o controle das atividades ligadas à previdência complementar fechada, ou seja, que não são destinadas a todas as pessoas e não apresentam fins lucrativos; analisar e definir os pedidos que autorizem a constituição, o funcionamento, a fusão, a incorporação, o agrupamento, a transferência de controle e a reforma dos estatutos das entidades de previdência privada fechada; fiscalizar o cumprimento da legislação e das normas em vigor, considerando ainda a aplicação das penalidades nas situações de irregularidades (Pontual, 2021).

4.4 Tipos de fundo de pensão

Os fundos de pensão apresentam três tipologias, segundo Ayres (2019), e as empresas que os disponibilizam podem escolher entre três modelos de gestão, denominados *benefícios definidos*, *contribuição definida e contribuição variável*, os quais estão esquematizados na Figura 4.2.

Figura 4.2 – Tipos de fundo de pensão

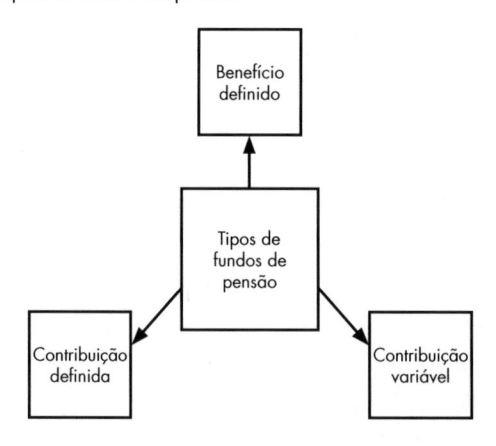

```
                  ┌─────────────┐
                  │  Benefício  │
                  │   definido  │
                  └─────────────┘
                         ▲
                         │
                  ┌─────────────┐
                  │   Tipos de  │
                  │   fundos de │
                  │    pensão   │
                  └─────────────┘
                   ↙           ↘
     ┌─────────────┐           ┌─────────────┐
     │ Contribuição│           │ Contribuição│
     │   definida  │           │   variável  │
     └─────────────┘           └─────────────┘
```

Fonte: Elaborado com base em Ayres, 2019.

O primeiro tipo de fundo de pensão é o **benefício definido**. Nessa modalidade, o valor do benefício é definido por meio do regulamento, daí sua nomenclatura. Dessa forma, é estabelecido o percentual dos rendimentos de cada um dos empregados, de modo que as quantias devidas são conhecidas no momento de adesão e aqueles que aderem têm, desde o começo, conhecimento do valor que vão receber. Vale mencionar que a contribuição a ser paga não é a mesma sempre, já que pode estar sujeita a reajustes a depender do contexto do mercado financeiro ao longo do tempo.

Em segundo lugar, há as **contribuições definidas**, relativas à ideia de que os aportes mensais têm valores predefinidos, considerando a base dos rendimentos de cada participante. Nesse caso, os valores não são conhecidos de forma prévia, como na tipologia anterior; pelo contrário, o valor só se torna conhecido no momento da aposentadoria, já que depende do saldo acumulado ao longo do tempo. O acúmulo dos valores depende tanto da somatória das contribuições individuais quanto da rentabilidade auferida em razão do tempo de trabalho.

Por fim, a **contribuição variável** é o terceiro tipo de fundo de pensão, entendido como uma combinação das principais características das duas tipologias apresentadas anteriormente, ou seja, pode ser compreendido como uma espécie de modelo misto, pois acumula traços dos benefícios definidos e das contribuições definidas. Diante disso, as contribuições relativas a esse tipo de fundo são contabilizadas de forma individual, e os valores dos benefícios, conhecidos de forma prévia.

4.5 Fundos de pensão e governança

O regime de previdência complementar presente no Brasil se trata de um fator relevante no que se refere à proteção social e à poupança de longo prazo. A legislação que compõe o ordenamento jurídico nacional apresenta algumas regras e normas destinadas ao tema, principalmente no que se refere às práticas de governança, à gestão de riscos e aos controles internos a serem observados quando se trata de EFPCs, ou seja, fundos de pensão.

Ao apresentarmos uma introdução sobre os fundos de pensão, argumentamos que alguns de seus aspectos inicialmente aceitos e vistos como positivos passaram por modificações. Nesse sentido, Araújo e Angoti (2019) afirmam que os desafios sociais ou econômicos da atualidade são cada vez maiores e geram mais obstáculos para as entidades de previdência complementar, impactando a promoção, a elaboração e o desenvolvimento de estratégias de curto, médio ou longo prazos. Por isso, os fundos de pensão não são estáticos e precisam considerar as mudanças enfrentadas pela sociedade, a fim de não se tornarem obsoletos. Assim, devemos ter em mente as influências positivas e negativas que as inovações tecnológicas podem gerar para a gestão de fundos de pensão, de modo que esses aspectos sejam moldados em seu favor, englobando tanto os interesses dos investidores quanto de seus participantes.

Antes de avançarmos na relação e nas implicações dos contatos entre os fundos de pensão e a governança, é fundamental compreendermos o que é conceituado como **governança**. Nesse sentido, Peters (2013) indica que esse termo tem sido usado com frequência nos discursos acadêmicos quando surgem discussões voltadas para o setor público, considerando, ainda, a administração da sociedade de maneira mais ampla.

A definição de governança enfrenta divergências e dificuldades para sua fixação concreta, já que se trata de um conceito que ainda é alvo de contestações, dúvidas e questionamentos. Assim, sua abordagem depende do contexto em que se insere. De um ponto de vista genérico, Peters (2013) indica que a palavra *governança* deriva do grego, significando "direção". Dessa forma, podemos compreender que o termo se volta para a direção da economia e da sociedade, considerando objetivos coletivos.

Segundo o autor, o processo de governança "envolve descobrir meios de identificar metas e depois identificar os meios para alcançar essas metas" (Peters, 2013, p. 29). Planejar as metas e imaginar os aspectos da governança pode parecer um trabalho relativamente simples na teoria, mas colocar tais assuntos em prática demanda um grau de complexidade mais elevado. Nesse contexto, Peters (2013, p. 29), afirma:

> *[A] análise de governança se concentrará em quatro funções importantes que devem ser realizadas, e bem realizadas, para que a governança seja bem sucedida [...]. As quatro funções fundamentais que apresentamos para a governança são: estabelecimento de metas, coordenação das metas, implementação, avaliação e reações e comentários.*

A governança, portanto, relaciona-se com a gestão das entidades e aborda questões relativas à prestação de contas de seus membros estatutários e à legalidade de seus atos. Dessa forma, resoluções da CGPC apresentam-na no âmbito dos fundos de pensão, direcionando a temática para os princípios, as recomendações e as obrigações que envolvam a prática da governança corporativa, englobem o valor dos resultados e convirjam para a adoção dos comportamentos éticos. Nesse sentido, o *Guia Previc: melhores práticas de governança para entidades de previdência complementar* estabelece que:

> *A governança está diretamente relacionada com a gestão das EFPC [Entidade Fechada de Previdência Complementar], que compreende a prestação de contas de seus dirigentes e a conformidade legal dos atos praticados, que são verificados por processo de supervisão realizado pela Previc.*
>
> *[...] As boas práticas de governança convertem-se em princípios e recomendações objetivas, capazes de harmonizar interesses dos participantes, patrocinadores e dirigentes das EFPC. (Previc, 2012, p. 8)*

Segundo Araújo e Angoti (2019), a governança dos fundos de pensão representa um conjunto de mecanismos do poder de gestão e do controle, relativamente aos meios interno e externo, com o intuito de que as entidades cumpram missões e alcancem objetivos estipulados pelas partes envolvidas – participantes, patrocinadores, dirigentes e conselheiros. Cabe, ainda, destacar que os dois primeiros são os maiores interessados na relação firmada entre governança e fundos de pensão, em razão da administração e do aporte dado aos recursos.

Um dos principais pontos referentes à governança, considerado, inclusive, um elemento fundamental, diz respeito ao **dever de confiança**, que deve estar presente na relação firmada entre o instituidor e o associado. Assim, para que a confiança se forme e, mais do que isso, perdure, é necessário que exista uma prestação de contas para esclarecer dúvidas e explicar o que está acontecendo. Esses aspectos estão, pois, relacionados à transparência e à capacidade de comunicação adequadas, o que resulta em impactos na gestão dos riscos e dos controles internos, voltados, por sua vez, para o alcance da eficiência e da segurança.

A segurança relaciona-se à necessidade de proteção dos direitos das pessoas que compõem os fundos de pensão. Nesse sentido, é necessário que existam ferramentas destinadas à sua defesa e à sua proteção, sendo, ainda, promovida uma comunicação adequada nos âmbitos internos e externos. A estrutura da governança é ainda importante para a formação e o alcance da missão, da visão e dos valores da EFPC. Desse modo, o *Código das melhores práticas de governança corporativa*, do Instituto Brasileiro de Governança Corporativa (IBGC), dispõe:

> *É fundamental que os agentes de governança estabeleçam estratégias de comunicação e programas de treinamento com a finalidade de disseminar, entre as partes interessadas, políticas, procedimentos, normas e práticas baseadas no código de conduta da organização. A essas medidas devem estar associados processos e indicadores formais, a fim de viabilizar o monitoramento dos padrões de conduta adotados, concorrendo para um efetivo engajamento da alta administração nos mecanismos de conformidade da organização e possibilitando que eventuais desvios possam ser evitados ou identificados, corrigidos e, eventualmente, punidos.* (IBGC, 2015, p. 18)

O **conselho deliberativo**, conforme Araújo e Angoti (2019), é o órgão colegiado máximo, tal que cabe a ele definir as políticas gerais de administração da entidade, considerando seus planos de benefícios e, sobretudo, as relações do direcionamento estratégico. Assim, tem o papel de proteger e alcançar a missão, o objeto social e os valores da entidade, demonstrando preocupação com os interesses da organização e supervisionando os atos dos dirigentes.

O **conselho fiscal**, por sua vez, é parte integrante da governança dos fundos de pensão, formando e mantendo a confiança dos participantes e dos instituidores enquanto exerce funções relativas à supervisão e ao controle interno, tendo em vista o monitoramento e a avaliação dos resultados (Araújo; Angoti, 2019).

Já a **diretoria executiva** é o órgão incumbido de administrar as entidades, e sua atuação está mais direcionada ao exercício das funções políticas e das diretrizes definidas pelos conselhos deliberativos. Assim, a diretoria é competente para executar as estratégias aprovadas pelo conselho, tornando viável e disseminando a missão, a visão e os valores da entidade, sem perder de vista as proposições e as implementações dos processos operacionais de trabalho.

4.6 Vantagens dos fundos de pensão

As vantagens que se apresentam aos fundos de pensão dependem dos dois lados responsáveis por compô-los, sendo necessário considerar os pontos de vista do participante e do investidor, já que benefícios distintos podem ser gerados para cada um.

Em primeiro lugar, abordaremos as vantagens e os benefícios decorrentes do regime de previdência complementar. A vantagem mais óbvia para o participante é que este contará com um acréscimo no valor de sua aposentadoria quando encerrar suas atividades laborativas — seja por idade, seja por doença —, e, portanto, alcançará melhor qualidade de vida e estabilidade financeira.

A finalidade não lucrativa desses fundos também conta como uma vantagem que pode ser revertida em favor dos participantes, pois a rentabilidade gerada é convertida em benefícios para eles, de modo que os trabalhadores ganham muito mais do que em outros planos de previdência complementar. Além disso, esses fundos fornecem maior segurança aos participantes, pois proporcionam garantias e rendas complementares a longo prazo.

Outra consequência dessa finalidade não lucrativa são as baixas taxas administrativas, que são menores do que aquelas referentes às entidades abertas de previdência complementar, aspecto capaz de gerar uma rentabilidade maior aos participantes.

Os incentivos fiscais — regidos pela Lei n. 11.053, de 29 de dezembro de 2004 (Brasil, 2004) — para aqueles que optam por efetuar o depósito dos recursos nos fundos de pensão também visam estimular a poupança previdenciária de longo prazo. Nesse caso, a lógica é simples: quanto maior é o tempo em que o participante mantém seus ativos nos fundos, menor é a incidência de IR sobre os recursos. Isso porque, durante todo o período da fase contributiva, independentemente de quantos anos tenha, não há incidência de IR sobre os rendimentos do participante, pois sua cobrança só é realizada no momento do resgate ou da concessão do plano de benefício.

Os fundos de pensão não fornecem vantagens apenas para o participante de forma direta, mas também à sua família, pois, em caso de aposentadorias por invalidez e de pensão por morte, esta recebe os benefícios. Salientamos, ainda, que essas são apenas as principais vantagens relativas aos fundos de pensão, pois existem muitas outras que poderiam ser citadas.

As vantagens e os benefícios não atingem apenas os participantes e/ou cidadãos que optam por esses fundos de pensão, mas também incidem sobre as entidades e as associações de classe. Vivemos em um mundo em que os interesses e as relações pautadas neles alimentam o mercado financeiro de diversas maneiras. Assim, a formação de relações com base nas trocas entre os participantes não é rara. Diante disso, os fundos de pensão, fornecidos por uma empresa a seus funcionários, não poderiam ser responsáveis por promover benefícios apenas aos últimos, pois, se assim fosse, seria mais improvável que entidades privadas e públicas fornecessem essa oportunidade.

Nesse cenário, ao optar pelo fornecimento desses planos de previdência associativa, o instituidor possibilita que seus associados percebam alguns de seus interesses intrínsecos serem atendidos, já que poderão alcançar tranquilidade, qualidade de vida futura e segurança para si e sua família. Outra vantagem para o empregador é o fortalecimento do vínculo existente entre o instituidor e seus associados, considerando que os trabalhadores só terão acesso aos benefícios em questão enquanto estiverem vinculados à empresa que fornece essa oportunidade.

A rapidez do crescimento dos recursos acumulados refere-se ao acúmulo patrimonial dos planos instituidores que podem ser mais efetivos e céleres quanto ao exercício da portabilidade. Considerando que os trabalhadores pertencem a certa categoria, quando ocorre o desligamento das empresas que fornecem os planos de previdência complementar, os associados podem escolher transferir o patrimônio acumulado no plano previdenciário para o plano gerido pela entidade representativa.

Exercício resolvido

Os fundos de pensão são investimentos que geram retorno para seus associados a longo prazo, diferentemente de outros tipos de investimento dos quais se espera um retorno rápido. Esses fundos são voltados para a aposentadoria, complementando-a e propiciando maior tranquilidade para aqueles que optam por essa modalidade. Diante disso, assinale a alternativa correta acerca das vantagens dos fundos de pensão:

a. Os fundos de pensão são tipos de investimentos de legalidade dúbia, tendo em vista que não existe um órgão incumbido de sua fiscalização.

b. As taxas aplicadas aos fundos de pensão são altíssimas, superando, inclusive, aquelas relativas aos planos de previdência complementares abertos.

c. Os investimentos em fundos de pensão são capazes de viabilizar maior segurança para seus investidores, já que, durante a terceira idade, os rendimentos acumulados servem para complementar a aposentadoria dos contribuintes.

d. Apenas os empregados, ou seja, os associados se beneficiam da adesão aos fundos de pensão, pois as empresas não usufruem de vantagens provenientes do fornecimento de planos relativos a esses fundos.

Gabarito: c

Comentário: A alternativa *a* está incorreta, tendo em vista que os fundos de pensão são totalmente legais, sendo fiscalizados pela Superintendência de Seguros Privados (Susep) do Ministério da Economia. Por sua vez, a assertiva *b* também está errada, pois as taxas referentes aos fundos de pensão são menores do que as relativas aos fundos individuais, principalmente quando se considera que os custos são divididos entre empresas e associados. A alternativa *d* não está correta, já que os fundos de pensão promovem benefícios tanto para os associados quanto para seus instituidores; caso contrário, dificilmente seriam oferecidos por empresas e entidades.

Ademais, o controle estratégico de recursos pode ser citado como mais um ponto positivo para as entidades e as associações de classes, uma vez que, por meio dele, o instituidor é fortalecido e responsabiliza-se pelas tomadas de decisão relativas ao direcionamento de investimentos para determinados setores. Dessa forma, as entidades e as associações também apresentam discussões acerca dos projetos de financiamento a serem desenvolvidos, representados pelos investidores institucionais com alta capacidade de investimento, ampliando a representatividade dos associados perante as classes empresariais e políticas.

4.7 Gestão de riscos e controle dos fundos de pensão

Os riscos estão presentes em muitos setores da vida humana, sendo, portanto, enfrentados constantemente pelo meio empresarial e pelo mercado financeiro. Diante disso, as pessoas, físicas e jurídicas, com interesse nesses campos precisam desenvolver suas atividades de maneira a tentar dirimir os impactos dessas ameaças. Conforme destaca Rieche (2005, p. 220), "o termo risco é utilizado para designar o tamanho do intervalo de confiança associado a uma estimativa qualquer, enquanto em outros representa a magnitude da exposição ou incerteza em relação a algum resultado esperado".

Rieche (2005) também apresenta o conceito de gestão de riscos, mas deixa bem claro que, como a ideia de risco é relativa, há certa dificuldade e uma quantidade considerável de críticas destinadas a essa noção. Ele conceitua a gestão de riscos

> *como o processo sistemático de identificar, avaliar, classificar e mitigar os fatores de riscos que poderiam atrapalhar os objetivos estratégicos de uma organização. Não se trata simplesmente de reduzir o trade-off entre risco e retorno, mas de otimizá-lo. (Rieche, 2005, p. 221)*

Em outras palavras, não é interessante que os riscos sejam apenas identificados ou diminuídos, mas deve haver uma gestão e um controle que consigam convertê-los em algo produtivo e, até mesmo, benéfico. Os riscos também são abordados pelas legislações. Nesse sentido, a Resolução

n. 2.099, de 17 de agosto de 1994, do Conselho Monetário Nacional (CMN) do Banco Central do Brasil (BC) é um exemplo de norma que trata dos riscos que atingem o setor financeiro nacional (Brasil, 1994).

Os fundos de pensão também têm regras específicas para seu funcionamento que direcionam sua atenção para o campo da gestão dos riscos, por exemplo, as Leis Complementares n. 108 e n. 109, de 29 de maio de 2001 (Brasil, 2001a, 2001b), bem como outros documentos normativos editados pelo CMN e pelo Conselho Nacional de Previdência Complementar (CNPC) que enfatizam a precisão dos aprimoramentos das práticas de controle interno, governança corporativa, contabilidade e controle orçamentário aperfeiçoados e aplicação de recursos com foco na gestão de riscos.

O *Guia Previc: melhores práticas em fundos de pensão* apresenta e classifica os riscos da seguinte maneira:

> *O* **risco de governança** *perpassa todas as áreas da entidade. A estrutura adequada observa as características próprias da entidade — porte, número de planos, modalidade dos planos, número de participantes ativos e assistidos —, atendendo-se ainda à estrutura mínima prevista em lei e as orientações do órgão supervisor.*
>
> *A estrutura deve buscar mitigar os riscos relacionados à concentração de poderes, garantindo a segregação de funções e privilegiando as decisões colegiadas.*
>
> *[...] O gerenciamento do* **risco atuarial** *tem como objetivo assegurar os padrões de segurança econômico-financeira, com fins específicos de preservar a liquidez, a solvência e o equilíbrio dos planos de benefícios administrados pelas EFPC.*
>
> *[...] A identificação do risco atuarial inclui a verificação dos seguintes itens: descasamentos entre ativo e passivo; independência do trabalho do atuário; aderência das premissas financeiras e demográficas; adequação do plano de custeio; compatibilidade do método de financiamento adotado; e resultado do plano (superávit, equilíbrio ou déficit).*
>
> *[...] Os riscos atuariais estão presentes nos planos de benefício definido (BD) e de contribuição variável (CV) que oferecem a opção de renda vitalícia. O monitoramento desse risco, que visa manter um nível de financiamento adequado, inclui a verificação constante da aderência das premissas atuariais, onde se destacam a tábua de mortalidade e a taxa de desconto do passivo atuarial.*

[...] A legislação em vigor estabelece, para efeitos dos cálculos das reservas, uma tábua mínima e uma taxa de desconto máxima. Entretanto, os dirigentes devem buscar sempre os parâmetros mais adequados ao conjunto de participantes de cada plano de benefícios. Observa-se que já há planos que adotam premissas mais conservadoras, mesmo que isto decorra em aumento do custo do plano.

[...] O **risco de contraparte** pode ser mitigado pela análise prévia da capacidade de pagamento pelo emissor das obrigações decorrentes do ativo financeiro, evitando-se, assim, que perdas potenciais impactem negativamente o resultado do plano de benefícios. O monitoramento do risco em questão deve ser feito de forma contínua até o vencimento das obrigações. Adicionalmente, é recomendável evitar a concentração de ativos em poucos emissores.

[...] No caso específico do patrocinador, cabe registrar que o risco de contraparte inclui, além dos investimentos em títulos de renda fixa e ações de sua emissão, a possibilidade de não recebimento das contribuições previstas para o custeio do plano e das amortizações relativas a dívidas contratadas. O risco aumenta substancialmente com a insolvência do patrocinador, que impacta, de forma diferenciada, o plano de benefícios conforme sua modalidade.

[...]

[...] O risco de tecnologia da informação (TI) está inserido na discussão do risco operacional. A gestão do risco de TI deve se preocupar com a segurança, a disponibilidade, a performance e a conformidade dos sistemas.

[...] Neste ponto, caber [sic] reafirmar que os órgãos estatutários devem zelar permanentemente pela exatidão e pela consistência das informações cadastrais, determinando procedimentos de contingência e a segregação de funções entre usuários e administradores de sistemas, de forma a garantir a integridade e segurança dos dados armazenados.

[...] O **risco legal** surge quando os procedimentos e rotinas desrespeitam o ordenamento jurídico. O monitoramento do risco legal é feito com a criação de mecanismos e procedimentos de análise e controle de contratos, acordos ou quaisquer outros documentos a que se obrigue juridicamente a própria EFPC e, eventualmente, sua contraparte.

[...] A gestão do risco legal inclui, ainda, a correta valorização e o adequado provisionamento das contingências judiciais. Cabe aos dirigentes agir proativamente com o objetivo de resolver tempestivamente os conflitos existentes — entre *estatutos, regulamentos e a legislação em vigor – e reduzir o valor da provisão contingencial. (Previc, 2010, p. 27-29, grifo do original)*

Considerando essa disposição, elencamos e comentamos os principais tipos de risco na Figura 4.3, a seguir, e nos parágrafos subsequentes.

Figura 4.3 – Tipos de risco

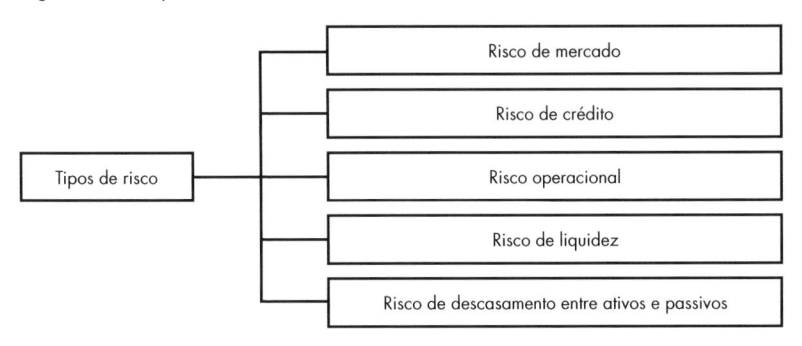

```
Tipos de risco ─┬── Risco de mercado
                ├── Risco de crédito
                ├── Risco operacional
                ├── Risco de liquidez
                └── Risco de descasamento entre ativos e passivos
```

Fonte: Elaborado com base em Rieche, 2005.

O **risco de mercado** corresponde ao risco de perdas no valor decorrente das flutuações nos preços e nas taxas de mercado. Espera-se que os investimentos gerem determinado retorno, mas estes podem tanto frustrar quanto superar as expectativas. Assim, reconhece-se que há um risco nesse processo, que é, justamente, a perda do valor investido e o gasto extra que dela decorre.

O risco de mercado é caracterizado por movimentos adversos da taxa de juros e da variação dos preços dos ativos, que podem afetar o desempenho econômico-financeiro do plano de benefícios. O desenvolvimento de estudos econômicos e a criação de cenários são importantes no monitoramento desse risco, cujos resultados devem ser considerados ainda na elaboração das políticas de investimento dos planos de benefícios. (Previc, 2010, p. 28, grifo do original)

Por sua vez, o **risco de crédito** trata dos riscos relativos às mudanças na qualidade do crédito, já que este pode passar por pioras que resultem na redução do valor investido. Esse tipo de risco envolve três categorias:

1. **Classificações de riscos**: responsáveis pela quantificação dos riscos do devedor ou das operações.
2. **Estocásticos**: modelam o comportamento das variáveis que se relacionam com os déficits decorrentes dos instrumentos financeiros de crédito ou sujeitos ao risco de crédito.
3. **Riscos de portfólio**: incumbidos da distribuição das perdas da carteira e da avaliação dos benefícios que podem ser gerados pela diversificação, principalmente no que se refere à diminuição dos riscos.

Rieche (2005) enfatiza que os riscos operacionais não têm uma definição única, mas, em geral, podem ser compreendidos como riscos "de perdas resultantes de processos internos, indivíduos e sistemas inadequados ou falhos ou de eventos externos" (Basel Comitee on Banking Supervision, citado por Rieche, 2005, p. 224). Portanto, essa categoria se relaciona à operação dos negócios, que, por sua vez, apresenta como subcategorias os riscos de pessoas, os riscos de processos e os riscos de tecnologia.

> *O **risco operacional** pode ser reduzido com a formalização de procedimentos e com a atuação efetiva das áreas de conformidade de normas e gerenciamento de risco. O funcionamento dos sistemas e o processamento de operações podem gerar erros ou permitir a ocorrência de fraudes, muitas vezes mantidos devido às falhas existentes nas auditorias e nos controles internos. (Previc, 2010, p. 28, grifo do original)*

Já o **risco de liquidez** se concretiza por conta da ausência de liquidez, que gera ameaças para a operação dos negócios. A presença de liquidez em excesso pode causar danos, pois, de acordo com a Previc (2010, p. 28, grifo do original),

> *O **risco de liquidez** está relacionado ao casamento dos fluxos de ativos e passivos, de forma que os recursos estejam disponíveis na data do pagamento dos benefícios e demais obrigações do plano. À medida que os prazos de vencimentos das obrigações se aproximam, a alocação dos recursos deve privilegiar ativos mais líquidos. Além disso, o planejamento garante que as alienações dos ativos ocorram no prazo certo e no preço justo.*

Por fim, o **risco de descasamento entre ativos e passivos** é voltado para o fornecimento de garantias quanto ao pagamento de aposentadorias com menor custo e maior segurança. Isso porque os ativos mais seguros implicam menores retornos, ao passo que aqueles com maiores riscos são capazes de gerar um retorno maior. Situações como essas tornam os investimentos difíceis de ser controlados, exigindo preparo e conhecimento sobre o mercado financeiro do investidor.

Exercício resolvido

Podemos compreender os riscos como um fator, ou um evento, que tenha probabilidade de acontecer, independentemente de representar aspectos positivos ou negativos. No campo dos fundos de pensão, assim como em outros investimentos, alguns riscos precisam ser enfrentados e driblados para que seus objetivos e suas finalidades não sejam prejudicados. Diante disso, assinale a alternativa correta sobre os riscos que atingem os fundos de pensão:

a. O risco de mercado envolve uma proporção: quanto maiores são os riscos, maiores são os rendimentos; ao passo que quanto menores são os riscos, também menores são as chances de rendimentos elevados.
b. Os riscos de crédito compreendem três subcategorias: classificações de riscos, estocásticos e riscos de portfólio.
c. Com relação ao risco de liquidez, é possível afirmar que apenas a ausência de liquidez é prejudicial, já que seu excesso traz somente benefícios para os associados.
d. Os riscos de mercado, os riscos de crédito, os riscos de descasamento entre ativos e passivos, os riscos operacionais e os riscos de liquidez são os únicos que afetam os fundos de pensão.

Gabarito: b

Comentário: A alternativa *b* está correta, pois apresenta as subcategorias que compõem e caracterizam os riscos de crédito. A afirmativa *a* está incorreta, tendo em vista que a proporção citada se refere ao risco de descasamento entre ativos e passivos. A assertiva *c* está errada, pois os dois extremos podem gerar riscos de liquidez, ou seja, tanto a ausência quanto o excesso de liquidez podem prejudicar o funcionamento e o alcance das finalidades dos fundos de pensão. Por fim, a alternativa *d* está incorreta, pois, além dos riscos citados na assertiva, o *Guia Previc: melhores práticas em fundos de pensão* apresenta outros tipos que podem impactar os fundos de pensão.

Diante dessas diferentes categorias, Rieche (2005) esclarece que os programas de gestão de riscos devem ser implementados quando há a intenção de destinar proteção ao patrimônio e diminuir sua volatilidade. Assim, alguns pressupostos são necessários:

1. cultura corporativa que defina responsabilidades individuais, estimule questionamento dos procedimentos e tenha interesse em gerenciar riscos;
2. alta qualificação humana e tecnológica;
3. procedimentos que estabelecem maneiras de atuações dos funcionários;
4. envolvimento da área responsável pela gestão de riscos na determinação de estratégias.

O gerenciamento de riscos demanda a presença de programas de controle interno, destinados ao cronograma de trabalho, bem como à identificação e à avaliação das probabilidades de ocorrência de determinados eventos, a fim de tentar inovar e adaptar suas necessidades a eles, sem, contudo, ignorar suas consequências e gravidades. Assim, os riscos não são encarados puramente como obstáculos, mas como pontos negativos que podem ser vencidos e, portanto, são capazes de fortalecer as empresas, os associados e suas relações.

Desse modo, antes de optar por determinado fundo de pensão, é necessário que este seja avaliado com vistas a evitar inconveniências e problemas futuros. As informações acerca desses pontos podem ser obtidas por meio de bancos, seguradores e profissionais especialistas no tema.

4.8 Funcionamento dos fundos de pensão

Conforme discutimos, os fundos de pensão são opções seguras e proveitosas de investimento a longo prazo, um tipo de aposentadoria complementar. Considerando seu papel e suas definições, também é importante compreender como eles funcionam.

Um fundo de pensão depende da relação e do elo estabelecidos entre uma empresa e um empregado, pois uma das grandes vantagens desse investimento consiste no fato de que o associado não contribui para sua aposentadoria complementar sozinho, mas conta com a ajuda de seu empregador, que complementa mensalmente a contribuição. Assim, a junção desses valores vai, no futuro, transformar-se no complemento para a aposentadoria formal concedida pelo INSS.

Em regra, a relação estabelecida determina que cada parte paga por 50% da contribuição, mas essa taxa pode ser alterada a depender daquilo que for acordado. Desse modo, essa é apenas uma regra geral, mas há exceções, afinal, o contexto deve ser levado em consideração, bem como as peculiaridades os acordos de cada caso concreto. Os planos são elaborados pelas entidades, dispõem acerca das formas de financiamento e de pagamento e envolvem, também, os diferentes tipos de benefício previdenciário e de fundos de pensão, que não devem ser ignorados.

Mais uma vez, é importante destacar que os fundos de pensão não podem ser contratados individualmente, de modo que a adesão e a escolha devem ser efetuadas por uma empresa, uma entidade de classe, um sindicato ou outra pessoa jurídica que exerça esse papel e forneça dado serviço ao associado, sendo facultada a contribuição.

A empresa, além de poder optar por um fundo de pensão já instituído, pode optar pela criação de um, nos casos em que não desejar aliar-se a nenhum dos que existem no mercado. Contudo, nem sempre essa é uma opção viável e proveitosa, visto que é mais adequada para empresas de grande porte, pois os custos relativos a essa criação são elevados.

Tanto nas situações que envolvem a criação quanto naquelas que se referem à escolha de fundos de pensão já existentes no mercado, a pessoa jurídica precisa observar as legislações pertinentes, pois é necessário que uma série de exigências legais sejam atendidas para que esses fundos gerem benefícios para os instituidores e associados.

4.9 Principais fundos de pensão do Brasil

Conforme o Relato Integrado de 2018 da Previc, o Sistema Fechado de Previdência Complementar Brasileiro apresentava, naquele ano, cerca de 1.101 planos de benefícios, que eram administrados por quase 300 entidades, que acumulavam e geravam uma quantidade de ativos superior a R$ 900 bilhões de reais (Previc, 2018).

Segundo Trisotto (2020), os maiores fundos de pensão existentes no território nacional são de estatais, e, entre estes, quatro acumulam 41% de todo o montante investido em planos fechados de previdência complementar, ou seja, R$ 375,9 bilhões dos R$ 926,1 bilhões destinados aos fundos de pensão, conforme dados fornecidos pela Associação Brasileira das Entidades Fechadas de Previdência Complementar (Abrapp).

Os quatro fundos em questão são: (1) a Caixa de Previdência dos Funcionários do Banco do Brasil (Previ); (2) a Fundação Petrobras de Seguridade Social (Petros); (3) a Fundação dos Economiários Federais (Funcef), pertencente à Caixa Econômica Federal; e (4) o Instituto de Seguridade Social dos Correios e Telégrafos (Postalis).

A **Previ** é o maior plano da América Latina, sendo voltado para os funcionários do Banco do Brasil. Até o ano de 2019, apresentava investimentos de R$ 207,9 bilhões, contando com 88,5 mil participantes ativos, 244 mil dependentes e 104,8 mil assistidos, conforme dados da Abrapp (Trisotto, 2020). Os fundos de pensão fornecidos pela Previ são divididos em dois tipos, um mais antigo, que engloba os funcionários admitidos até 1997, e o outro direcionado para as novas adesões, denominado *Previ Futuro*.

Por sua vez, a **Petros** é destinada aos servidores que atuam na Petrobras. Todavia, o fundo também administra outros 39 planos de previdência de outras empresas, entidades e associações de classe. Segundo Trisotto (2020), trata-se do maior fundo de pensão multipatrocinado do Brasil. Mesmo que em 2019 viesse apresentando um bom desempenho, a Petros ainda lida com os impactos deficitários dos anos de 2013 a 2015, o que tornou necessária a elaboração de planos de equacionamento para contornar a situação.

Em terceiro lugar no *ranking* de maiores fundos de pensão do Brasil está a **Funcef**, patrocinado pela Caixa Econômica Federal. O fundo atingiu um investimento total de R$ 70,9 bilhões em 2019, mas lida com déficits acumulados que tornam sua situação mais complexa, atribuindo-lhe um baixo desempenho, apesar da alta quantidade de investimentos que lhe são destinados.

Por fim, ainda que o **Postalis** não esteja presente entre os dez maiores fundos de investimento do país, também é de suma importância, por conta dos planos que oferece. Contudo, problemas que afetam tanto os Correios, seu patrocinador, quanto o próprio fundo têm o afastado das boas colocações e do bom desempenho.

Além desses, merecem destaque o Valia, fundo patrocinado pela Vale; o Fundo de Pensão Mongeral Aegon, patrocinado pela Mongeral Aegon; o fundo patrocinado pela Fundação Itaú Unibanco; e o Sistek, fundo que pertencia ao sistema Telebras.

4.10 Fundo de pensão e plano de previdência complementar

Muita confusão existe quanto às distinções e às definições de fundo de pensão e de plano de previdência complementar. Nesse contexto, abordaremos os principais pontos que os diferenciam, pois, apesar de suas semelhanças, os termos não são sinônimos.

Figura 4.4 – Fundo de pensão e plano de previdência complementar

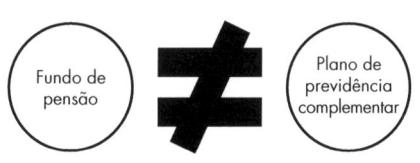

Fundo de pensão ≠ Plano de previdência complementar

Os petalhes relativos ao Sistema Previdenciário Brasileiro serão abordados em capítulo posterior, porém é importante ter em mente que este é composto por três tipos de regime, a saber: o **Regime Geral de Previdência Social** (RGPS), conhecido como a *previdência básica*, relativo às normas presentes na Consolidação das Leis do Trabalho (CLT); o **Regime Próprio de Previdência Social** (RPPS), destinado aos servidores públicos, tendo em vista que os participantes desse plano obedecem a uma filiação compulsória e sua gestão é de natureza pública; e, por fim, o **Regime de Previdência Complementar** (RPC), dotado de gestão privada, facultativa e contributiva.

Considerando os três tipos de regime, os fundos de pensão e os planos de previdência complementar integram o RPC. Como indicamos nas seções anteriores, os fundos de pensão, ou EFPC, apresentam algumas características peculiares e imprescindíveis a seu funcionamento: atuam como fundações ou sociedades civis; não são dotados de fins lucrativos; são acessíveis para os empregados vinculados a algum tipo de empresa, envolvendo as entidades de classe e associações; e, além disso, a participação dos cotistas é facultativa, em outras palavras, só participa desse tipo de fundo as pessoas que optarem por ele, não havendo qualquer obrigatoriedade de ingresso.

Resumidamente, considerando a necessidade da distinção entre os dois termos em análise, salientamos que os planos de previdência complementar fazem parte da previdência privada aberta, que também pode ser denominada *entidades abertas de previdência complementar* (EAPC). Assim, a primeira e mais simples diferença entre a previdência complementar e os fundos de pensão reside na natureza aberta da primeira e fechada dos segundos. Segundo Brazão (2021), outro ponto relevante e digno de destaque é o fato de os planos de previdência complementar apresentarem fins lucrativos, diferentemente dos fundos de pensão.

Ademais, os planos de previdência complementar são comercializados por bancos e seguradoras, podendo ser adquiridos tanto por pessoas físicas quanto por jurídicas.

> **Exemplificando**
>
> Os fundos de pensão não são a única forma prevista no ordenamento jurídico brasileiro capaz de complementar a aposentadoria, afinal, se assim fosse, nem todas as pessoas poderiam usufruir desse benefício. Assim, no Brasil, existem duas modalidades para esses fundos: a primeira é o Plano Gerador de Benefício Livre (PGBL), e a segunda, o Vida Gerador de Benefício Livre (VGBL).

Outra diferença marcante entre esses dois tipos de previdência complementar refere-se a quem pode adquiri-los ou investir neles a fim de obter uma complementação da aposentadoria em momento futuro, pois, como salientamos, os planos de previdência complementar podem ser adquiridos por qualquer pessoa física ou jurídica. No caso dos fundos de pensão, por sua natureza fechada, não são todas as pessoas que podem contribuir, senão apenas aquelas que trabalham em empresas que fornecem esse serviço, de modo que é considerado um privilégio para quem desempenha funções profissionais em determinados estabelecimentos e funciona como forma de garantir que os empregados apresentarão uma resistência maior no momento de pedir demissão.

Considerando essa distinção, cabe mencionar uma vantagem dos fundos de pensão: a possibilidade de despender custos menores se comparado às complementações da aposentadoria de natureza aberta, cuja contribuição é mais elevada, visto ser feita apenas pelo participante, sem o auxílio da empresa em que trabalha.

Síntese

- Os fundos de pensão podem ser fornecidos por entidades tanto privadas quanto estatais.
- Os fundos de pensão são investimentos de longo prazo, já que servem como forma de complementar a aposentadoria.
- Os fundos de pensão também envolvem riscos.

- Não são todas as pessoas que podem usufruir dos benefícios e das vantagens conferidas pelos fundos de pensão.
- Os quatro fundos em questão que se destacam entre os fundos de estatais brasileiras são: a Caixa de Previdência dos Funcionários do Banco do Brasil (Previ), a Fundação Petrobras de Seguridade Social (Petros), a Fundação dos Economiários Federais (Funcef) e o Instituto de Seguridade Social dos Correios e Telégrafos (Postalis).
- Existem diferenças entre os fundos de pensão e os planos de previdência complementar.

Seguridade social e previdência social no Brasil

Conteúdos do capítulo

- Breve histórico do sistema previdenciário no Brasil.
- Sistema previdenciário em vigor no Brasil e as previsões para o futuro.
- Principais legislações da previdência social nacional.
- Distinção entre os planos de previdência aberto e fechado.

Após o estudo deste capítulo, você será capaz de:

1. analisar os aspectos gerais da seguridade social e da previdência social;
2. identificar os fatores importantes para a formação do sistema previdenciário no Brasil;
3. compreender como funciona a previdência social no Brasil;
4. conhecer as principais normas presentes na legislação brasileira que abordam a previdência social;
5. reconhecer as principais mudanças geradas pela Nova Previdência;
6. distinguir os planos de previdência aberto e fechado.

capítulo 5

A previdência social é tema polêmico no Brasil, pois afeta profundamente a vida humana e os direitos fundamentais do cidadão. É comum que a previdência e a seguridade social apareçam associadas, mas elas não se confundem, a despeito das semelhanças que apresentam. Por isso, aspectos gerais dos dois conceitos serão abordados ao longo deste capítulo, com o objetivo de elucidar eventuais dúvidas.

Considerando a importância que a trajetória histórica dos fatos e suas consequências, também analisaremos o Sistema Previdenciário Brasileiro sob a ótica tanto do passado quanto do presente, apresentando especulações sobre o que se espera para o futuro do ramo. A previdência social e os benefícios que decorrem dela estão presentes no ordenamento jurídico brasileiro com o fim de gerar segurança para os cidadãos e para os contribuintes. Diante disso, examinaremos tanto as normas constitucionais quanto as legislações infraconstitucionais que regem a previdência.

Ao longo do nosso estudo, verificamos que nem sempre os benefícios fornecidos pela previdência social são suficientes para a manutenção e alcance das condições básicas da vida humana. Além disso, modificações em questões e interesses sociais podem resultar na necessidade de mudança, gerando argumentos e justificativas para a implementação das reformas no sistema previdenciário. Diante disso, discutiremos a reforma mais recente e seus principais pontos.

Muitas vezes, as disposições teóricas e legislativas não são cumpridas de forma espontânea, por isso, é necessário que existam sistemas e entidades responsáveis por fiscalizar e regularizar a aplicação das normas e o cumprimento, na prática, de suas determinações. Nesse sentido, também trataremos das entidades que realizam essas funções em relação à previdência social e como ocorre sua atuação.

5.1 Aspectos gerais da seguridade social e da previdência social

Um dos objetivos almejados pela **seguridade social** é alcançar o bem-estar e a justiça social com base na ordem social, conforme alguns dos artigos da Constituição da República Federativa do Brasil (Brasil, 1988), especialmente o art. 194. Este apresenta a seguridade social como o conjunto integrado de ações e iniciativas do Poder Público e da sociedade com a finalidade de assegurar o direito à saúde, à previdência e à assistência social.

A previdência social é um componente da seguridade social. Por isso, ambas apresentam características em comum, ao mesmo tempo que a previdência é dotada de peculiaridades e traços próprios que a diferem dos demais componentes (Figura 5.1). Um dos principais aspectos distintivos é o fato de que a previdência social tem caráter contributivo, logo, o custeio de seus benefícios baseia-se o sistema de contribuição dos segurados. Assim, todos os que contribuírem terão seus direitos assegurados em relação à previdência social, mas nem tudo que é englobado pela seguridade necessita de contribuição.

Figura 5.1 – Seguridade social

```
                    Seguridade social
          ┌──────────────┼──────────────┐
   Direito à saúde  Previdência social  Assistência social

   Para todos,        Apenas para       Necessitados,
 independentemente   contribuintes.   independentemente
  de contribuição.                     de contribuição.
```

Fonte: Elaborado com base em Toaldo; Dutra, 2012.

Nesse sentido, a seguridade social é composta por três pilares: saúde, previdência e assistência social, que visam à proteção das garantias universais da prestação de benefícios, incluindo os serviços de proteção social pelo Estado. É fundamental conhecer os aspectos centrais da seguridade e dos demais pilares, já que essas informações podem auxiliar e facilitar a construção de nosso entendimento sobre a previdência social.

O primeiro pilar a ser destacado é a **saúde**, direito de todos e dever do Estado, em conformidade com o art. 196 da Constituição Federal (CF) de 1988. Trata-se de um direito que protege e apresenta um elo com o direito à vida, afinal, quando estamos doentes, nossa qualidade de vida é reduzida, por isso, procuramos médicos, clínicas e hospitais com a expectativa de cura. Assim, a CF/1988 dispõe:

> Art. 196. *A saúde é direito de todos e dever do Estado, garantido mediante políticas sociais e econômicas que visem à redução do risco de doença e de outros agravos e ao acesso universal e igualitário às ações e serviços para sua promoção, proteção e recuperação. (Brasil, 1988)*

Ainda que seja um direito imprescindível à vida humana, a maior parte dos serviços do âmbito da saúde são caros, principalmente aqueles que envolvem medicamentos de alto valor e duração prolongada. Assim, considerando que vivemos em um país em desenvolvimento, onde maior parte da população é composta pelas classes baixa e média, a maioria dos cidadãos brasileiros não é capaz de investir financeiramente em saúde privada. Considerando que o princípio da integralidade se aplica à saúde, é certo destacar que esta atinge a totalidade da população. No mesmo cenário, o princípio da universalidade determina que todas as pessoas residentes no território brasileiro têm direito ao acesso à saúde pública, mesmo estrangeiros estão acobertados e devem ser atendidos por esses serviços.

Assim, o **Sistema Único de Saúde** (SUS), ainda que enfrente dificuldades, limitações, burocracias e problemas, é um serviço baseado na premissa da universalidade. É imperativo ressaltar que mesmo países classificados como desenvolvidos não apresentam acesso a serviços e atendimentos semelhantes. Todavia, ainda há muito a ser melhorado, como a redução do tempo de espera dos pacientes para uma consulta ou para a realização de algum exame e/ou procedimento.

Pergunta & resposta

O Brasil tem um sistema público de saúde mundialmente conhecido pela quantidade de atendimentos que efetua de forma gratuita e por destinar-se a todos – brasileiros, estrangeiros, turistas, não importando a raça, o sexo, a classe social nem qualquer outro fator que viole o princípio da igualdade. O que exatamente é o SUS?

O SUS, garantido pela CF/1988 e pela Lei n. 8.080, de 19 de setembro de 1990 (Brasil, 1990), é o único sistema de saúde pública do mundo que atende mais de 190 milhões de pessoas, sendo 80% desse total dependente exclusivamente do SUS para qualquer tipo de atendimento de saúde. Diante de sua imprescindibilidade para os cidadãos brasileiros, mesmo para aqueles que têm plano de saúde privado – já que certos atendimentos são prestados de forma exclusiva pelo SUS ou são de custo elevado –, recomendamos uma leitura extra sobre o tema. Nesse sentido, indicamos a página a seguir:

> SISTEMA Único de Saúde. **Secretaria do Estado de Saúde de Minas Gerais**. Disponível em: <https://www.saude.mg.gov.br/sus>. Acesso em: 7 jul. 2021.

É importante destacar que, quando a seguridade social apresenta a saúde como um de seus pilares, não se quer dizer que há uma preocupação única e exclusiva com o atendimento médico, seja realizado em hospitais, seja em clínicas, pois a saúde também destina atenção para as políticas de combate e de prevenção às endemias, por exemplo, e de tudo o que pode melhorar a qualidade de vida dos cidadãos.

O segundo pilar que integra a seguridade social é a **assistência social**, considerada uma política pública. Dessa maneira, para que alcance seus objetivos, precisa passar pela intervenção do Estado, com a administração do Conselho de Assistência, considerando as disposições presentes nas normas constitucionais e infraconstitucionais.

A assistência social é regida por legislação específica. A Lei n. 8.742, de 7 de dezembro de 1993, é conhecida como *Lei Orgânica da Assistência Social* (Loas) e engloba a assistência como um direito e um dever do Estado, que precisa fornecer e garantir a seus cidadãos as condições mínimas de sobrevivência, ou seja, é preciso que as necessidades básicas sejam atendidas (Brasil, 1993).

A assistência social pode ser entendida como uma política social que garante condições de vida dignas para os cidadãos. Os benefícios concedidos com essa finalidade têm como foco a proteção à família, à maternidade, à infância, à adolescência, aos idosos e às pessoas com deficiência.

Esses dois primeiros pilares, saúde e assistência social, não demandam contribuição obrigatória para que seus benefícios sejam usufruídos pelos cidadãos, sendo esse aspecto decorrente de sua própria natureza. A saúde não exige contribuição, pois é destinada a todos. Da mesma maneira, a assistência social tem como público-alvo os necessitados, isto é, seu objetivo é suprir as necessidades básicas daqueles que mais precisam e não têm condições de arcar com o próprio sustento, assim a contribuição também não é obrigatória nem essencial.

Por fim, o último pilar da seguridade social é a **previdência social**, que, diferentemente da saúde e da assistência social, apresenta acesso mais restrito, já que só pode ser destinada para aquelas pessoas que contribuíram devidamente. Nesse cenário, a contribuição garante a sustentabilidade do sistema em uma lógica contributiva.

Aquele que contribui passa a contar com uma série de vantagens decorrente da renda conferida. Assim, cada benefício tem seus critérios para que possa ser usufruído, uma vez que podem ser auferidos em diversos momentos e situações, envolvendo cenários de doença, invalidez, idade avançada, desemprego, maternidade e, até mesmo, reclusão.

Exemplificando

Alguns benefícios dependem puramente da contribuição, já outros necessitam do atendimento a diferentes critérios. Um grande exemplo é a aposentadoria, pois há vários tipos e modalidades para que esta seja atendida: (a) aposentadoria por tempo de contribuição; (b) aposentadoria por tempo de contribuição por pontos; (c) aposentadoria especial; (d) aposentadoria por tempo de contribuição com atividade especial; (e) aposentadoria por idade urbana; e (f) direito adquirido. Nesse sentido, ainda que o critério de contribuição seja fundamental para que os segurados tenham acesso ao benefício, nem sempre é suficiente para que este seja obtido, afinal, questões como o tempo de contribuição e a idade devem ser observadas.

Considerando apenas os aspectos gerais acerca da seguridade social e dos pilares que a integram, podemos imaginar o impacto que seu surgimento trouxe para qualidade de vida dos brasileiros. A seguridade existe, no Brasil, desde a Constituição de 1934, tendo instituído a tríplice forma de custeio formada pelo governo, pelos empregadores e pelos empregados, destinando atenção e preocupação para aquilo que foi denominado *risco social*, que abrange a doença, a invalidez, a velhice e a morte (Brasil, 1934).

As constituições seguintes permaneceram abordando a seguridade social como assunto de suma importância, conferindo disposições para a temática em questão. Assim, na Lei Maior de 1937, pela primeira vez, a expressão *seguro social* foi utilizada (Brasil, 1937). Contudo, foi apenas na Constituição de 1946 que a terminologia *previdência social* passou a ser empregada como parte integrante do sistema da seguridade social, destinando sua proteção e sua atenção para os riscos sociais (Brasil, 1946). Diante dessa nova preocupação, houve a implementação da Lei Orgânica da Previdência Social – a Lei n. 3.807, de 26 de agosto de 1960 (Brasil, 1960).

Nos anos seguintes, ainda houve modificações e implementações importantes nesse campo, conforme destaca Melo (2020):

- *A Constituição Federal de 1965 instituiu o "auxílio-desemprego";*
- *Em 1971, foi criado o Programa de Assistência ao Trabalhador Rural [...];*
- *Em 1977, foi criado o Sistema Nacional de Previdência e Assistência Social.*

A CF/1988 é conhecida mundialmente por seu foco direcionado para o bem-estar, para a segurança e para os direitos do cidadão, prezando pela garantia dos direitos sociais e coletivos. Por esse motivo, é denominada *Constituição Cidadã*.

Figura 5.2 – Trajetória da seguridade social

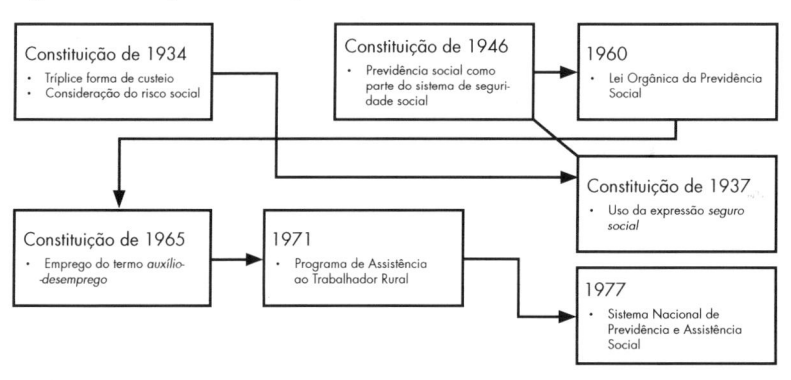

Constituição de 1934
- Tríplice forma de custeio
- Consideração do risco social

Constituição de 1946
- Previdência social como parte do sistema de seguridade social

1960
- Lei Orgânica da Previdência Social

Constituição de 1937
- Uso da expressão *seguro social*

Constituição de 1965
- Emprego do termo *auxílio-desemprego*

1971
- Programa de Assistência ao Trabalhador Rural

1977
- Sistema Nacional de Previdência e Assistência Social

Fonte: Elaborado com base em Melo, 2020.

A proteção fornecida pela seguridade social consiste no pagamento de um benefício que corresponda à situação, aos interesses e à contingência das necessidades dos cidadãos. No entanto, esse benefício não é fornecido de forma ilimitada ou desproporcional, pois considera limites estipulados pela legislação. Na prática, os valores fornecidos pelo sistema de seguridade social existente no Brasil ainda não são suficientes para atender grande parte das necessidades básicas dos beneficiários. Por outro lado, se essas pessoas não obtivessem tal benefício, as dificuldades seriam ainda maiores e mais complexas dos que as verificadas na atualidade. Desse modo, a seguridade social intenta diminuir os índices da desigualdade social, já que visa proteger a todos, independentemente de aspectos socioeconômicos, sendo caracterizada pela universalidade.

Mesmo que não seja o ponto principal da abordagem deste capítulo, é importante analisar, ainda que de forma breve, a seguridade social. Assim, precisamos entender quais são seus princípios e o que cada um deles determina. Assim, o art. 194 da CF/1988, em seu parágrafo único dispõe:

> *Parágrafo único. Compete ao Poder Público, nos termos da lei, organizar a seguridade social, com base nos seguintes objetivos:*
>
> *I – universalidade da cobertura e do atendimento;*
>
> *II – uniformidade e equivalência dos benefícios e serviços às populações urbanas e rurais;*
>
> *III – seletividade e distributividade na prestação dos benefícios e serviços;*
>
> *IV – irredutibilidade do valor dos benefícios;*
>
> *V – equidade na forma de participação no custeio;*
>
> *VI – diversidade da base de financiamento, identificando-se, em rubricas contábeis específicas para cada área, as receitas e as despesas vinculadas a ações de saúde, previdência e assistência social, preservado o caráter contributivo da previdência social;*
>
> *VII – caráter democrático e descentralizado da administração, mediante gestão quadripartite, com participação dos trabalhadores, dos empregadores, dos aposentados e do Governo nos órgãos colegiados. (Brasil, 1988)*

O **princípio da universalidade da cobertura e do atendimento** determina que a seguridade social cobre todos os eventos causadores de um estado de necessidade, sendo garantido, a todos aqueles que vivem dentro do território nacional, o mínimo necessário para uma vida digna. Assim, a universalidade de cobertura engloba os riscos e as indenizações definidos de maneira prévia, ao passo que a universalidade de atendimento garante a todos em território brasileiro o direito subjetivo de proteção por meio da seguridade.

Já o **princípio da uniformidade e da equivalência dos benefícios e dos serviços às populações urbanas e rurais** é voltado para a uniformização das diferenças de tratamento conferidas às diversas categorias de trabalho, que atuam tanto no meio urbano quanto no rural. Assim, é imprescindível o estabelecimento de legislações que atendam às necessidades de cada um desses contextos, já que a uniformização também consiste no fornecimento de tratamentos que se adequem ao atendimento de demandas e interesses distintos.

O **princípio da seletividade e da distributividade** na prestação dos benefícios e dos serviços precisa ser analisado e aplicado sobre um caso concreto. Isso porque a seletividade está relacionada à escolha das prestações, desde que inseridas dentro das possibilidades e das permissões concedidas pelo sistema de seguridade social, e, por sua vez, a distributividade envolve a distribuição aos mais necessitados – aqueles que precisam ser beneficiados. Portanto, para que a decisão seja tomada, é preciso que o caso concreto seja devidamente analisado, pois só as desigualdades sociais e regionais poderão ser dirimidas. Nesse sentido, Toaldo e Dutra (2012) determinam que: "Deve-se suprir as necessidades dos que mais necessitam de proteção tendo sempre a finalidade de reduzir as desigualdades. A seletividade e distributividade impedem que a interpretação da legislação conceda ou estenda prestações de forma prevista expressamente pela legislação".

Já o **princípio da irredutibilidade** do valor dos benefícios, como o próprio nome indica, refere-se à impossibilidade de redução da renda mensal do benefício, sendo um dos pilares que orientam o Poder Público. Sabemos que o benefício tem como intuito suprir o mínimo necessário para a sobrevivência do segurado, com base na dignidade da pessoa humana, portanto, reduzi-lo afeta as chances de que essa vida digna seja alcançada.

Esse princípio está presente tanto no art. 58 do Ato das Disposições Constitucionais Transitórias (ADCT) quanto no parágrafo 4º do art. 201 da CF/1988:

> *Art. 58. Os benefícios de prestação continuada, mantidos pela previdência social na data da promulgação da Constituição, terão seus valores revistos, a fim de que seja restabelecido o poder aquisitivo, expresso em número de salários mínimos, que tinham na data de sua concessão, obedecendo-se a esse critério de atualização até a implantação do plano de custeio e benefícios referidos no artigo seguinte.*
>
> *[...]*
>
> *Art. 201. [...]*
>
> *§ 4º É assegurado o reajustamento dos benefícios para preservar-lhes, em caráter permanente, o valor real, conforme critérios definidos em lei. (Brasil, 1988)*

Por sua vez, o **princípio da equidade**, na forma de participação do custeio, conforme o disposto pelo art. 195, parágrafo 9º, da CF/1988 e os preceitos de Toaldo e Dutra (2012), estabelece que todos os integrantes da sociedade são responsáveis por contribuir pela manutenção do sistema. Dessa forma, essa contribuição deve ocorrer de modo progressivo, tendo em vista a capacidade contributiva de cada cidadão.

Assim, com base nesses princípios, aqueles que têm mais e apresentam melhores condições financeiras efetuam uma contribuição maior do que aqueles com poucas condições e poucos bens.

O que é?

A **equidade** pode ser entendida como um atributo pertencente ao direito que se relaciona de forma direta com o princípio da igualdade. Está presente tanto na elaboração quanto na execução das leis, devendo considerar os contornos e contextos em que os casos concretos se inserem, a fim de que seja aplicada de forma direta e efetiva, sem desvios de sua finalidade principal.

Outro princípio relativo à seguridade social, mencionado pelo parágrafo único do art. 194 da CF/1988, é o **princípio da diversidade da base de financiamento**, segundo o qual o custeio é realizado com base nos recursos orçamentários da União, dos estados, do Distrito Federal e dos municípios, considerando, ainda, as contribuições pagas pelos trabalhadores e os incidentes dos concursos de prognósticos e das contribuições pagas em razão de importação de bens ou serviços do exterior. Nesse sentido, o art. 195 da CF/1988 determina:

> Art. 195. A seguridade social será financiada por toda a sociedade, de forma direta e indireta, nos termos da lei, mediante recursos provenientes dos orçamentos da União, dos Estados, do Distrito Federal e dos Municípios, e das seguintes contribuições sociais. (Brasil, 1988)

Por fim, o último princípio a ser destacado é relativo ao **caráter democrático e descentralizado da administração**, que estabelece o fato da seguridade social ser quadripartite, contando e dependendo da participação de trabalhadores, empregadores, aposentados e Poder Público, e cada um desses integrantes tem sua importância dentro do sistema. A democracia presente na nomenclatura desse artigo faz menção à elaboração e à formulação das políticas públicas de seguridade social, envolvendo também o controle de sua execução, na medida em que a descentralização determina que a seguridade social é dotada de corpo distinto daquele da estrutura institucional do Estado (Toaldo; Dutra, 2012).

Exercício resolvido

A seguridade social, segundo as disposições presentes na Constituição Federal de 1988, divide-se em assistência social, saúde e previdência social e apresenta princípios e normas que regulam sua aplicação e seu funcionamento. Nesse sentido, assinale a alternativa correta acerca dos princípios da seguridade social:

    a. O princípio da universalidade da cobertura e do atendimento, o princípio da diversidade da base de financiamento e o princípio de redutibilidade do valor dos benefícios são exemplos de princípios da seguridade social.

b. A universalidade de cobertura garante a todos que vivem no território nacional o direito subjetivo às formas de proteção fornecidas pela seguridade.

c. A uniformidade volta-se para dirimir as diferenças existentes entre o tratamento dado às categorias de trabalhadores urbanos e rurais, diferenças que devem ser sanadas por meio de uma legislação adequada.

d. A seletividade é o princípio responsável por impor a escolha que recai sobre as prestações com maior potencial distributivo.

Gabarito: c

Comentário: a alternativa *a* está incorreta, tendo em vista que o princípio que pertencente à seguridade social é o da irredutibilidade do valor dos benefícios, não o da redutibilidade. A alternativa *b*, por sua vez, está errada, pois descreve a universalidade de atendimento, e não de cobertura. A alternativa *d* também não está correta, já que se refere ao princípio da seletividade, mas descreve o princípio da distributividade.

Ainda que a seguridade e a previdência social sejam incumbidas de proporcionar vários benefícios aos cidadãos, não podem ser encaradas de forma exclusivamente positiva. Isso porque vários problemas, dificuldades, questionamentos e embates estão atrelados a esse tema. Nesse sentido, uma das grandes críticas destinadas ao Sistema Previdenciário Brasileiro refere-se à sua burocratização.

5.2 Previdência social ao longo do tempo

Agora estreitaremos nosso objeto de estudo, direcionando a maior parte de nossos esforços para os assuntos relativos à previdência social e a seu desenvolvimento. Desse modo, esta seção abordará a previdência social brasileira sob a ótica de três períodos distintos: (1) o passado e suas influências na atualidade; (2) o presente e as principais implicações da previdência social na vida dos indivíduos e na sociedade como um todo; e (3) o futuro, envolvendo aquilo que se imagina acerca da previdência social, tendo em vista seus desdobramentos atuais e suas possíveis consequências futuras. A previdência social, de acordo com Santos Júnior (2017), é o seguro social voltado para o contribuinte, sendo uma instituição que visa reconhecer e conceder direitos para seus segurados. Assim, sua definição é objeto de estudo de vários doutrinadores e, até mesmo, legisladores, na busca pela ampliação e pela melhoria das legislações que dispõem sobre o tema. Com base nos ensinamentos de Miranda (citado por Santos Júnior, 2017), a previdência social pode ser compreendida como

Sistema de proteção social, de caráter contributivo e em regra de filiação obrigatória, constituído por um conjunto de normas principiológicas, regras, instituições e medidas destinadas à cobertura de contingências ou riscos sociais previstos em lei, proporcionando ao segurado e aos seus dependentes benefícios e serviços que lhes garantam subsistência e bem-estar.

Por sua vez, considerando os benefícios e os serviços fornecidos aos segurados com base na legislação brasileira, Novaes (citado por Santos Júnior, 2017) afirma que

A previdência social protege necessidades decorrentes de contingências expressamente previstas na Constituição e na legislação infraconstitucional, mediante o pagamento de contribuições. Somente aquele que contribui tem direito subjetivo à prestação na hipótese de a ocorrência da contingência prevista em lei gerar a necessidade juridicamente protegida.

Mesmo que as concepções apresentadas tenham distinções, no geral, elas concluem que a previdência social é um instrumento legal direcionado à proteção de direitos atrelados ao contribuinte e a seus dependentes, em situações de necessidade que resultem no comprometimento ou na redução de sua força laborativa.

5.2.1 O passado da previdência social

O Brasil não foi o primeiro país a apresentar disposições sobre previdência social. Segundo Santos Júnior (2017), a Inglaterra, em 1897, estabeleceu a Workmen's Compensation Act, responsável por criar um seguro obrigatório para casos de acidente de trabalho, concedendo aos trabalhadores direitos e proteções que deveriam ser assegurados durante a prestação de suas atividades laborativas, à medida que o empregador passava a ter responsabilidade civil objetiva pelos danos causados a seus empregados nesses períodos.

Já em 1908, também na Inglaterra, surgiu o Old Age Pensions Act direcionado para a concessão de pensões para as pessoas maiores de 70 anos, independentemente de custeio. Depois, em 1911, surgiu o National Insurance Act, que criava um sistema compulsório para as contribuições sociais, envolvendo o empregador, o empregado e o Estado (Santos Júnior, 2017).

Esses documentos que surgiram na Inglaterra foram responsáveis por impulsionar o restante do mundo a tomar atitudes semelhantes e demonstrar preocupações com o estabelecimento de normas que regulassem a previdência social. Assim, outros países começaram a tomar atitudes semelhantes. A adoção de nações como México, Alemanha e Estados Unidos a tais normas elevou o *status* da previdência social, tornando-a digna de pertencer à esfera constitucional e ser considerada um direito social.

Antes que a previdência social se tornasse o sistema que conhecemos hoje, diversas etapas e transformações aconteceram. Algumas mudanças podem ser consideradas avanços, e outras não parecem intentar o bem-estar da população, mas sim abordar debates e questionamentos de natureza política e econômica, resultando em privilégios para poucos. Desse modo, na busca pela compreensão do percurso e da jornada histórica da previdência social no Brasil, algumas legislações e documentos precisam ser analisados.

A Constituição de 1824 foi o primeiro documento legislativo a abordar a previdência social no Brasil (Brasil, 1824). Em seu art. 179, inciso XXXI, garantia direitos de socorros públicos aos cidadãos. Embora a expressão *previdência social* ainda não existisse, na época, em nosso ordenamento jurídico, ela começava a fazer-se presente.

Posteriormente, no ano de 1888, surgiu outro dispositivo jurídico incumbido de apresentar disposições sobre o tema, com o direito de aposentadoria direcionado para os funcionários dos Correios. Observe que este ainda não era um direito que abrangia a população como um todo, mas apenas os profissionais que atuavam em uma instituição específica. Contudo, esse avanço foi importante para os passos subsequentes no fortalecimento dos direitos de previdência social nacional. Apesar de essa legislação ter sido a primeira a dispor sobre a aposentadoria, ainda que de forma direcionada e restrita, o Decreto n. 4.682, de 24 de janeiro de 1923, mais conhecido como *Lei Eloy Chaves*, é considerado o ponto inicial para o estabelecimento da aposentadoria social no Brasil (Brasil, 1923).

A Lei Eloy Chaves não foi responsável apenas por trazer as determinações iniciais acerca da aposentadoria social, mas também esteve incumbida da criação da caixa de aposentadoria de pensões dos funcionários das empresas ferroviárias, concedendo, além disso, direitos associados à assistência médica para o empregado e seus dependentes.

Nos anos que se seguiram, um conjunto vasto de normas foi estabelecido, fornecendo benefícios sociais a categorias determinadas de trabalhadores, isto é, cada classe contava com uma lei específica que determinava as normas previdenciárias a serem aplicadas à sua prestação de serviços. Apenas em 1960 esse cenário foi modificado, com a unificação das normas voltadas para a previdência por meio da Lei Orgânica da Previdência Social, a Lei n. 3.807/1960, cuja finalidade era beneficiar os trabalhadores urbanos de maneira geral. Em 1963, a lei foi ampliada para abranger os direitos dos trabalhadores rurais.

A Lei Orgânica da Previdência Social foi, por muitos anos, a principal legislação a dispor sobre o tema, mas não ficou imutável durante todo o período em que esteve em vigor, tendo sido submetida a alterações e acréscimos, a exemplo da implementação dos fundos de garantia por tempo de serviço, em 1966, e do estabelecimento dos seis institutos de aposentadoria e pensões que originaram o Instituto Nacional de Previdência Social (INPS), atual Instituto Nacional do Seguro Social (INSS).

É importante prestar atenção nas datas e vincular os acontecimentos relativos à previdência social aos momentos históricos vivenciados em nosso país. Considerando que o regime militar brasileiro aconteceu entre 1964 e 1985, o Fundo de Assistência ao Trabalhador Rural (Funrural) nasceu durante esse período, assim como o Fundo de Garantia por Tempo de Serviço (FGTS) e o INPS.

Todavia, apenas em 1974 foi criado o Ministério do Trabalho e Previdência Social, posteriormente transformado no Ministério do Trabalho e Emprego e, depois, integrado ao Ministério da Economia. Cronologicamente, o avanço seguinte veio, em 1988, com a CF, que, entre outras coisas, passou a assegurar renda mensal vitalícia aos idosos e aos portadores de deficiência, por meio, respectivamente, da aposentadoria e da aposentadoria por invalidez.

Assim, com a CF/1988, a previdência social tomou a forma que conhecemos na atualidade, sendo mantido e fortalecido o sistema de arrecadação entre empregadores e empregados, com o Estado responsável por organizar e distribuir os recursos relativos à legislação. Desse modo, a previdência conforme prevista na CF/1988 é famosa e respeitada por garantir a proteção social de direitos, por isso, e, em razão de suas características peculiares, é considerada progressista, principalmente quando comparada às medidas de liberalização adotadas em outros países em um período semelhante.

No entanto, isso não significa dizer que o sistema existente no Brasil é perfeito, ou que não precisa de alterações, ou que nunca tenha sido alterado. Muito pelo contrário, estamos longe de chegar a uma situação em que nosso sistema previdenciário seja considerado ideal. Ademais, muitas das modificações feitas em nossa legislação sobre o tema parecem mais significar um retrocesso do que um avanço propriamente dito.

5.2.2 O presente e as reformas da previdência social

As reformas da previdência ensejam inúmeras polêmicas e repercussões, pois as alterações das normas são capazes de atingir a vida da população de forma direta e indireta, sendo também atingidos aqueles que estão perto de alcançar os benefícios, bem como aqueles que já usufruem deles.

Considerando as normas em vigor atualmente, cujos pontos principais serão abordados a seguir, a primeira mudança significativa sofrida pelo Sistema Previdenciário Brasileiro ocorreu em 1991, durante o governo de Fernando Collor. Por meio dela, os benefícios passaram a considerar a correção monetária, tendo em vista os impactos e as consequências que o Brasil sofria com a inflação à época.

O que é?

Segundo definição apresentada pelo Instituto Brasileiro de Geografia e Estatística (IBGE), a **inflação** é o aumento dos preços de produtos e serviços, sendo calculada com base nos índices de preços.

Um pouco depois, no ano de 1998, durante o governo de Fernando Henrique Cardoso (FHC), as mudanças implementadas no sistema previdenciário foram maiores. A partir desse momento, o tempo de serviço do trabalhador deixou de ser considerado, em vez disso, passou a valer o tempo de contribuição para o INSS, norma que permanece até os dias atuais. Na época, foram definidos os padrões de 30 anos de contribuição para mulheres e 35 anos para homens. Outra mudança relevante realizada durante o governo de FHC foi a inclusão do fator previdenciário, cálculo utilizado para definir o valor do benefício a ser recebido após a concessão da aposentadoria.

O que é?

Segundo Carvalho (2017), o **fator previdenciário** pode ser compreendido como uma fórmula matemática utilizada no momento da definição do valor das aposentadorias do INSS. O cálculo considera o valor fixo de 0,31, a idade do trabalhador, seu tempo de contribuição para a previdência social e sua expectativa de vida no momento de solicitação da aposentadoria, em conformidade com a tabela do IBGE.

As mudanças não pararam por aí. No governo de Lula, as alterações do Sistema Previdenciário Brasileiro atingiram o funcionalismo público, em 2003, com a criação do teto de aposentadoria para os servidores federais e a instituição de cobranças de contribuição previdenciária para pensionistas e inativos, o que significou alteração do valor do benefício dos aposentados desse grupo.

Durante o governo de Dilma Roussef, as mudanças continuaram a ser implementadas. Em 2015, o Congresso Nacional aprovou a alteração da idade de acesso à aposentadoria integral. A partir desse momento, a regra dos pontos, mais conhecida como *85/95*, passou a considerar a soma da idade ao tempo de contribuição. Nesse caso, para a obtenção do direito ao recebimento do benefício em sua integralidade, o valor resultante da operação deveria ser de 85 para as mulheres e de 95 para os homens.

O *impeachment* da Presidenta Dilma Roussef deu início ao governo de Michel Temer, que operou uma reforma significativa na legislação trabalhista, realizando diversas alterações e implementado normas relativas a terceirizados e empregadas gestantes. Além disso, tentou-se, nesse governo, aprovar uma reforma previdenciária, contudo a situação enfrentada pelo Brasil dificultou a tramitação da proposta na Câmara dos Deputados.

O governo de Jair Bolsonaro teve início com a promessa de levar a reforma da previdência adiante. Desse modo, em 13 de novembro de 2019, a chamada *Nova Previdência* entrou em vigor. Essa reforma foi responsável por implementar uma série de modificações, como novas idades de aposentadoria, novo tempo mínimo de contribuição e regras de transição para as pessoas já seguradas, entre tantas outras mudanças.

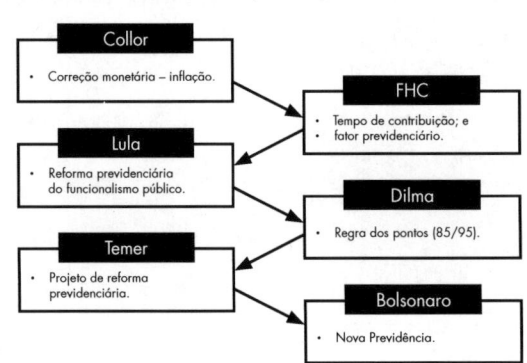

Figura 5.3 – Governos e reformas na previdência social

Collor
- Correção monetária – inflação.

FHC
- Tempo de contribuição; e fator previdenciário.

Lula
- Reforma previdenciária do funcionalismo público.

Dilma
- Regra dos pontos (85/95).

Temer
- Projeto de reforma previdenciária.

Bolsonaro
- Nova Previdência.

Fonte: Elaborado com base em Vasconcelos, 2018.

Exercício resolvido

O estudo da história é de suma importância para que muitos dos acontecimentos da atualidade sejam compreendidos de forma precisa. O conhecimento dos principais aspectos históricos que atingiram o sistema previdenciário nacional revela quais foram os fatores e os desdobramentos que nos trouxeram até o cenário atual. Nesse sentido, assinale a alternativa correta acerca das modificações enfrentadas pela previdência social no âmbito nacional:

a. Durante o governo de Fernando Henrique Cardoso, as principais modificações nas legislações previdenciárias abordavam o funcionalismo público.

b. A Nova Previdência foi a reforma do sistema previdenciário nacional responsável por alterar diversos dispositivos, como aqueles referentes ao tempo de contribuição e à idade mínima para aposentadoria, tendo sido aprovada e implementada durante o governo de Michel Temer.

c. Durante o governo de Lula foi instaurada a reforma conhecida como 85/95, responsável por estabelecer a regra dos pontos.

d. A inflação é um índice destinado a medir o aumento dos preços de produtos e serviços, e seu crescimento estimulou a correção monetária implementada durante o governo de Fernando Collor.

Gabarito: d

Comentário: a alternativa *a* está incorreta, pois o funcionalismo público foi abordado de forma mais precisa durante o governo de Lula. A alternativa *b* também está errada, pois, mesmo que a proposta e a ideia de modificar as leis previdenciárias tenham-se fortalecido durante o governo de Michel Temer, a reforma só foi votada e entrou em vigor durante o governo de Jair Bolsonaro. Por fim, a alternativa *c* não deve ser assinalada, já que a reforma 85/95 entrou em vigor durante o governo de Dilma Rousseff.

5.2.3 O futuro da previdência social

O futuro da previdência social no Brasil é incerto e até mesmo difícil de ser projetado, tendo em vista a quantidade de mudanças a que esse sistema já foi submetido. Outras modificações ainda serão feitas, e desejamos que sejam direcionadas para o bem-estar da população, atendendo às necessidades dos que mais precisam e servindo à sua finalidade principal, qual seja, conceder uma vida digna para os contribuintes quando chegar o momento certo de recebimento de seus benefícios.

O fato é que, com o passar do tempo, a população nacional envelhece cada vez mais. Por isso, é imprescindível que cuidados e garantias sejam fornecidos à parcela da população cuja força laborativa está comprometida, a fim de que suas vidas – e, futuramente, as nossas – não sejam difíceis e problemáticas, mas de descanso e tranquilidade, depois de uma vida de trabalho complexa.

Portanto, esperamos que o sistema previdenciário de fato mude, afinal uma legislação estática não é efetiva, já que a sociedade em que vivemos é mutável e evolui com o tempo, gerando novas demandas. Contudo, não é qualquer mudança que se torna desejada ou esperada, tal que as escolhas dos legisladores precisam ser feitas de forma cautelosa para pavimentar avanços positivos.

5.3 Principais legislações acerca da previdência social

O direito previdenciário é um ramo do direito público cuja finalidade consiste em estudar as regulamentações da seguridade social. Em razão de sua autonomia, é dotado de métodos, objetos e princípios próprios, apresentando, até mesmo, leis específicas e divisões internas que determinam a melhor forma de tratar do tema em questão.

Considerando que a seguridade social se baseia em três pilares, o direito previdenciário volta-se, mais especificamente, à análise das leis que abordam a previdência social, incluindo as regulamentações jurídicas referentes aos beneficiários e aos contribuintes, sem deixar de lado as normas relativas ao custo previdenciário e à previdência complementar, que será analisada no Capítulo 6.

Para investigarmos, de forma mais específica e direta, as legislações que dispõem sobre previdência, é salutar relembrar que esta se sustenta em um dos princípios de maior destaque na CF/1988: o princípio da dignidade humana, já que sua finalidade principal é estabelecer uma rede social que proteja e garanta condições dignas por meio da concessão de benefícios, com destaque para a aposentadoria, para aqueles que precisam de algum amparo do Estado.

A aposentadoria é um direito social pertencente aos trabalhadores, com natureza patrimonial, pecuniária e individual, apresentando, ainda, características de seguro social, conforme sinalizam Toaldo e Dutra (2012). Em seus diversos tipos, as aposentadorias são regidas pelo sistema previdenciário, que, por sua vez, divide-se em dois regimes distintos, um de caráter público e o outro de caráter privado. Nesta seção, trataremos do regime público, já que a previdência privada será estudada no capítulo seguinte.

Figura 5.4 – Regime Geral de Previdência Social (RGPS) e Regime Próprio de Previdência Social (RPPS)

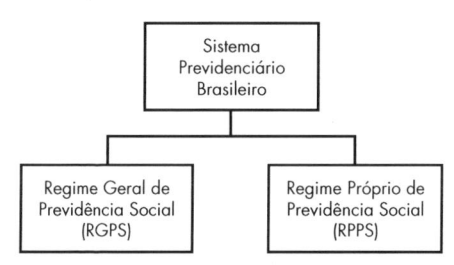

```
                Sistema
             Previdenciário
              Brasileiro
         ┌────────┴────────┐
   Regime Geral de    Regime Próprio de
   Previdência Social  Previdência Social
        (RGPS)              (RPPS)
```

O art. 201 da CF/1988, em seu *caput* e seus incisos, com redação dada pela Emenda Constitucional n. 20, de 15 de dezembro 1998 (Brasil, 1998), e pela Emenda Constitucional n. 103, de 12 de novembro de 2019 (Brasil, 2019), dispõe acerca do **Regime Geral de Previdência Social** (RGPS):

> Art. 201. *A previdência social será organizada sob a forma do Regime Geral de Previdência Social, de caráter contributivo e de filiação obrigatória, observados critérios que preservem o equilíbrio financeiro e atuarial, e atenderá, na forma da lei, a:*

I – cobertura dos eventos de incapacidade temporária ou permanente para o trabalho e idade avançada;

II – proteção à maternidade, especialmente à gestante;

III – proteção ao trabalhador em situação de desemprego involuntário;

IV – salário-família e auxílio-reclusão para os dependentes dos segurados de baixa renda;

V – pensão por morte do segurado, homem ou mulher, ao cônjuge ou companheiro e dependentes, observado o disposto no § 2º. (Brasil, 1988)

A previdência social é contributiva, pois, para que os benefícios fornecidos por ela sejam obtidos, é necessário que o indivíduo tenha realizado o pagamento das contribuições voltadas para o custeio do sistema. Assim, só pode ser beneficiado aquele que é segurado da previdência social e cumpriu as carências e os critérios estipulados. A filiação ao sistema previdenciário é obrigatória, pois, para que a cobertura seja garantida, a contribuição deve ser efetuada.

O RGPS apresenta critérios para seu estabelecimento, com o intuito de promover e preservar o equilíbrio financeiro e atuarial. As contribuições efetuadas pelos segurados são responsáveis pela criação de um fundo, que é destinado ao financiamento das prestações. Por esse motivo, e em razão do montante das contribuições ao longo do tempo, é imprescindível que tal fundo seja devidamente administrado, considerando aspectos responsáveis por sua instituição e majoração e pela concessão das prestações. Isso porque, se as devidas cautelas não forem tomadas, déficits significativos serão gerados, acarretando consequências desastrosas.

As contingências que criam necessidades de cobertura previdenciária, elencadas nos incisos do art. 201 da CF/1988, podem ser resumidas da seguinte forma: invalidez; morte; idade avançada; proteção à maternidade, destinada, principalmente, às gestantes; proteção ao trabalhador em situação de desemprego involuntário; salário-família e auxílio-reclusão para os dependentes dos segurados de baixa renda; pensão por morte do segurado, homem ou mulher, cônjuge ou companheiro. O parágrafo 2º do art. 201 estabelece, ainda, que o benefício a ser fornecido em razão dessas contingências não pode ser inferior a um salário mínimo.

Cada um dos benefícios da previdência social apresenta uma série de requisitos específicos, que devem ser aplicados de forma igual para todos os beneficiários, não podendo haver desigualdades, em razão do princípio da isonomia. Logo, as contingências são vinculadas a benefícios distintos; por exemplo, no caso de idade avançada e tempo de contribuição adequado, é fornecida a aposentadoria, ao passo que, nas situações em que o trabalhador apresenta alguma incapacidade que o impossibilite de forma temporária de efetuar suas atividades laborativas, é concedido o auxílio-doença.

Outro regime que faz parte do sistema previdenciário nacional é denominado **Regime Próprio de Previdência Social** (RPPS), que é destinado aos servidores titulares de cargos efetivos e lhes garante, ao menos, os benefícios de pensão por morte e aposentadoria. Nesse sentido, o art. 40 da CF/1988, em conformidade com a redação dada pela Emenda Constitucional n. 103/2019, estabelece:

> *Art. 40. O regime próprio de previdência social dos servidores titulares de cargos efetivos terá caráter contributivo e solidário, mediante contribuição do respectivo ente federativo, de servidores ativos, de aposentados e de pensionistas, observados critérios que preservem o equilíbrio financeiro e atuarial. (Brasil, 1988)*

O sistema previdenciário aplicado aos servidores públicos apresenta algumas diferenças em comparação ao RGPS, já que esses profissionais têm características próprias, como a estabilidade. Na RPPS, existem três tipos de aposentadoria, a saber: (1) por invalidez, (2) compulsória e (3) voluntária (Figura 5.5).

Figura 5.5 – Aposentadoria do Regime Próprio de Previdência Social (RPPS)

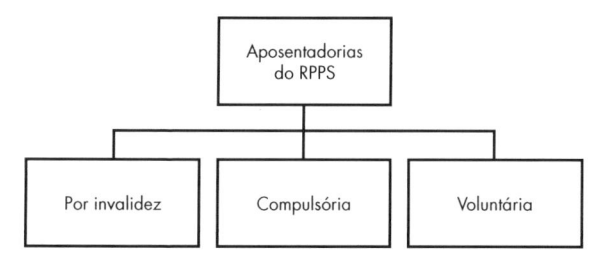

Fonte: Elaborado com base em Toaldo; Dutra, 2012.

Na aposentadoria **por invalidez**, o servidor depende de um laudo fornecido por perito médico do Estado que ateste sua condição efetiva de invalidez, ou seja, uma comprovação de que o servidor não tem mais condições de desempenhar suas funções laborativas em decorrência de doença ou acidente que lhe traga consequências físicas ou mentais que o tornem incapaz de trabalhar de forma permanente.

Por sua vez, a aposentadoria **compulsória** ocorre quando o servidor público, homem ou mulher, completa 70 anos, sendo, no entanto, a idade de 75 anos permitida em casos previstos por leis complementares.

Já na aposentadoria **voluntária**, o servidor deseja aposentar-se e, para isso, precisa atender a dois critérios. Um deles refere-se à idade, e o outro, ao tempo de contribuição, não sendo ambos cumulativos. Por isso, não importa que a idade tenha sido atingida, se o tempo de contribuição não for o necessário. Além disso, o servidor público deve comprovar que exerceu por ao menos cinco anos as atividades do cargo em que deseja obter a aposentadoria.

Nesse sentido, o parágrafo 1º do art. 40 da CF/1988, com redação dada pela Emenda Constitucional n. 103/2019, apresenta as principais determinações acerca das aposentadorias do RPPS:

> § 1º *O servidor abrangido por regime próprio de previdência social será aposentado:*
>
> *I – por incapacidade permanente para o trabalho, no cargo em que estiver investido, quando insuscetível de readaptação, hipótese em que será obrigatória a realização de avaliações periódicas para verificação da continuidade das condições que ensejaram a concessão da aposentadoria, na forma de lei do respectivo ente federativo;*
>
> *II – compulsoriamente, com proventos proporcionais ao tempo de contribuição, aos 70 (setenta) anos de idade, ou aos 75 (setenta e cinco) anos de idade, na forma de lei complementar;*
>
> *III – no âmbito da União, aos 62 (sessenta e dois) anos de idade, se mulher, e aos 65 (sessenta e cinco) anos de idade, se homem, e, no âmbito dos Estados, do Distrito Federal e dos Municípios, na idade mínima estabelecida mediante emenda às respectivas Constituições e Leis Orgânicas, observados o tempo de contribuição e os demais requisitos estabelecidos em lei complementar do respectivo ente federativo. (Brasil, 1988)*

É importante, ainda, destacar que, no RPPS, o benefício equivale à última remuneração, em conformidade com o parágrafo 2º do art. 40 da CF/1988. Além disso, estados e municípios têm autonomia na organização dos sistemas relativos a seus servidores públicos. Todavia, esses sistemas precisam obedecer às diretrizes e às normas gerais presentes na CF; caso contrário, não são válidos, em razão da ausência de constitucionalidade.

Exercício resolvido

O Sistema Previdenciário Brasileiro é composto por um vasto conjunto de benefícios com a função principal de proporcionar condições de vida digna para os indivíduos. Ele é composto por dois regimes: o Regime Geral de Previdência Social (RGPS) e o Regime Próprio de Previdência Social (RPPS). Considerando as normas relativas ao RGPS e ao RPPS, assinale a alternativa correta:

a. O RGPS é responsável por apresentar os benefícios dos servidores públicos, tal que estados e municípios têm autonomia para elaborar seus sistemas.
b. O RPPS tem três tipos de aposentadoria – aposentadoria por invalidez, aposentadoria compulsória e aposentadoria voluntária –, e cada um apresenta características específicas.
c. A aposentadoria compulsória pelo RGPS estabelece como idade máxima 70 anos, não havendo situações em que esta possa ser acrescida.
d. A aposentadoria voluntária é aquela que ocorre em razão de o trabalhador não conseguir desempenhar sua função laborativa por conta de doenças e/ou acidentes com sintomas e sequelas de caráter permanente.

Gabarito: b

Comentário: A alternativa *a* está errada, pois descreve uma função que cabe ao RPPS, e não ao RGPS. A alternativa *c* também é incorreta, tendo em vista que a aposentadoria compulsória se refere ao RPPS e existem hipóteses em que a idade para esse tipo pode alcançar os 75 anos, sendo previstos por leis complementares. Por fim, a alternativa *d* está errada, já que a aposentadoria voluntária é aquela em que o servidor público opta pela solicitação de sua aposentadoria, precisando atender aos critérios de idade e de tempo de contribuição, sem deixar de observar a permanência no cargo em que deseja aposentar-se por um período mínimo de cinco anos.

A CF/1988 estabelece a necessidade de leis complementares que disponham acerca dos assuntos não expostos em seu texto de forma detalhada e específica. No que se refere à previdência social, alguns exemplos disso estão no parágrafo 4º de seu art. 40:

> § 4º-A. *Poderão ser estabelecidos por lei complementar do respectivo ente federativo idade e tempo de contribuição diferenciados para aposentadoria de servidores com deficiência, previamente submetidos a avaliação biopsicossocial realizada por equipe multiprofissional e interdisciplinar.*
>
> § 4º-B. *Poderão ser estabelecidos por lei complementar do respectivo ente federativo idade e tempo de contribuição diferenciados para aposentadoria de ocupantes do cargo de agente penitenciário, de agente socioeducativo ou de policial dos órgãos de que tratam o inciso IV do caput do art. 51, o inciso XIII do caput do art. 52 e os incisos I a IV do caput do art. 144.*
>
> § 4º-C. *Poderão ser estabelecidos por lei complementar do respectivo ente federativo idade e tempo de contribuição diferenciados para aposentadoria de servidores cujas atividades sejam exercidas com efetiva exposição a agentes químicos, físicos e biológicos prejudiciais à saúde, ou associação desses agentes, vedada a caracterização por categoria profissional ou ocupação. (Brasil, 1988)*

Portanto, a previdência social conta com legislações infraconstitucionais sobre os assuntos que precisam ser complementados e tratados com maior precisão. Isso porque, caso contrário, a CF/1988, que já é extensa, ficaria ainda maior. Além disso, essa possibilidade evita que se atribua caráter constitucional a dispositivos que não precisam apresentar essa natureza para que se tornem efetivos e importantes para o sistema previdenciário nacional.

Assim, uma das principais normas acerca da previdência social brasileira é a Lei n. 8.213, de 24 de julho de 1991, responsável por dispor acerca dos Planos de Benefícios da Previdência Social e outras providências, tendo sido alterada diversas vezes desde sua entrada em vigor (Brasil, 1991b). Outra norma de destaque sobre o assunto é a Lei n. 8.212, de 24 de julho de 1991, que dispõe sobre a organização da seguridade social, instituindo, ainda, o plano de custeio e dando outras providências sobre o tema (Brasil, 1991a).

Todavia, é correto afirmar que as duas legislações abordam o mesmo tema? Não, existem semelhanças entre ambas, mas também distinções marcantes. A Lei n. 8.212/1991 é responsável por dispor acerca da seguridade social, ou seja, apresenta uma abordagem mais geral, já que traz determinações direcionadas para a saúde, a assistência social e a previdência social. Por sua vez, a Lei n. 8.213/1991 é mais específica, visto que suas normas abordam exclusivamente a previdência social e assuntos correlatos. Além disso, esta última apresenta uma quantidade significativa de normas sobre RGPS, conforme dispõe seu art. 9º:

> *Art. 9º A Previdência Social compreende:*
>
> *I – o Regime Geral de Previdência Social;*
>
> *II – o Regime Facultativo Complementar de Previdência Social.*
>
> *§ 1º O Regime Geral de Previdência Social – RGPS garante a cobertura de todas as situações expressas no art. 1º desta Lei, exceto as de desemprego involuntário, objeto de lei específica, e de aposentadoria por tempo de contribuição para o trabalhador de que trata o § 2º do art. 21 da Lei nº 8.212, de 24 de julho de 1991.*
>
> *§ 2º O Regime Facultativo Complementar de Previdência Social será objeto de lei específica. (Brasil, 1991b)*

Além disso, o art. 1º da Lei n. 8.213/1991 traz o conceito de previdência social, sintetizando muito bem grande parte do que discutimos até o presente momento:

> *Art. 1º A Previdência Social, mediante contribuição, tem por fim assegurar aos seus beneficiários meios indispensáveis de manutenção, por motivo de incapacidade, desemprego involuntário, idade avançada, tempo de serviço, encargos familiares e prisão ou morte daqueles de quem dependiam economicamente. (Brasil, 1991b)*

Por sua vez, o art. 2º dessa legislação apresenta os princípios específicos da previdência social. Embora tenhamos abordado grande parte deles ao estudarmos os aspectos gerais da seguridade social, é interessante conhecer quais são aplicados de forma específica à previdência:

Art. 2º A Previdência Social rege-se pelos seguintes princípios e objetivos:

I – universalidade de participação nos planos previdenciários;

II – uniformidade e equivalência dos benefícios e serviços às populações urbanas e rurais;

III – seletividade e distributividade na prestação dos benefícios;

IV – cálculo dos benefícios considerando-se os salários de contribuição corrigidos monetariamente;

V – irredutibilidade do valor dos benefícios de forma a preservar-lhes o poder aquisitivo;

VI – valor da renda mensal dos benefícios substitutos do salário de contribuição ou do rendimento do trabalho do segurado não inferior ao do salário mínimo;

VII – previdência complementar facultativa, custeada por contribuição adicional;

VIII – caráter democrático e descentralizado da gestão administrativa, com a participação do governo e da comunidade, em especial de trabalhadores em atividade, empregadores e aposentados.

Parágrafo único. A participação referida no inciso VIII deste artigo será efetivada a nível federal, estadual e municipal. (Brasil, 1991b)

Ademais, tal legislação aborda uma série de outras determinações consideradas de suma importância para o funcionamento e o entendimento dos direitos e benefícios relativos à previdência social brasileira. Em razão da extensão dessa lei e da quantidade de dispositivos presentes nela, não abordaremos seus artigos em sua totalidade, mas recomendamos que esta seja objeto de uma leitura atenta.

5.3.1 Principais pontos da reforma da previdência

Os seres humanos e suas necessidades são mutáveis a depender da época e do contexto em estejam inseridos, uma vez que a realidade não é estática, mas sim dinâmica. Assim, situações que, em dado momento, eram consideradas corretas passam a ser vistas com outros olhos, de modo que precisam ser aprimoradas e/ou substituídas por alternativas melhores e que atendam às novas demandas.

Nesse sentido, o Brasil também passou por muitas mudanças e evoluções ao longo dos anos. Como resultado, houve o desenvolvimento de novas tecnologias em saúde e de questões ligadas aos padrões e à qualidade de vida do povo brasileiro, ocasionando um aumento na expectativa de vida dos cidadãos, o que afeta diretamente os assuntos relacionados à reforma da previdência e aos direitos destinados aos idosos.

Outro aspecto significativo, não só na esfera nacional, mas também no cenário mundial, é que o envelhecimento da população foi acompanhado de uma diminuição na quantidade de nascimentos e, consequentemente, de uma redução da **população economicamente ativa**. Essa conjunção de fatores acarretou uma diminuição da contribuição, ao mesmo tempo que houve um aumento do volume dos aposentados, impactando o sistema previdenciário e indicando, portanto, uma necessidade de que este fosse atualizado.

Todavia, como já assinalamos, não é qualquer alteração que deve ser encarada como benéfica, mas apenas aquelas que visam atender às necessidades do Estado e da economia sem ignorar os interesses da população e as questões sociais.

Muitos argumentos foram apresentados com a intenção de justificar a reforma previdenciária – planejada e intencionada desde o governo de Temer, mas que só passou a valer durante a gestão de Jair Bolsonaro, a partir de 2019. Uma das principais justificativas apoiava-se na existência do déficit da previdência, que tornava sua existência sem alteração insustentável e prejudicial para a economia e para o país como um todo.

A reforma de 2019 foi responsável por uma série de alterações, entre as quais geraram maior destaque e repercussão aquelas concernentes às regras de concessão e ao cálculo das aposentadorias e das pensões, assim como ao RGPS e ao RPPS. Além disso, foram estabelecidas regras de transição.

É importante esclarecer que a reforma em questão não alcançou todos os cidadãos, havendo limites quanto a seu estabelecimento, em decorrência dos preceitos do direito adquirido. Assim, as pessoas que já estivam aposentadas não foram atingidas de nenhuma maneira e aquelas que estavam próximas de alcançar a aposentadoria precisaram atentar para as regras de transição. E os indivíduos que já haviam dado entrada na aposentadoria e conseguido comprovar ao INSS, até o dia 12 de novembro de 2019, que todos os requisitos estavam completos e em conformidade com as regras antigas puderem obter aposentadoria de acordo com estas, conforme determinado pela Emenda Constitucional n. 103/2019.

As modificações relativas à aposentadoria atingiram tanto seus aspectos gerais quanto os específicos. O primeiro ponto a ser destacado alude à aposentadoria por tempo de contribuição. Nesse caso, no setor privado, a principal mudança diz respeito à impossibilidade de escolha de aposentadoria por idade ou por tempo de contribuição, visto que o benefício só será concedido se ambos os critérios forem atendidos, por serem requisitos obrigatórios (regra válida a partir do final do período de transição). Quanto ao tempo de contribuição para os servidores públicos, o mínimo passou a ser de 25 anos, com 20 anos prestados no serviço público e 5 anos no último cargo exercido.

Outra regra, aplicável àqueles que têm remuneração igual ou superior a um salário mínimo, estipula que, no cálculo do tempo de contribuição, não são mais considerados os dias, e sim os meses completos, não importando a quantidade de dias em que o trabalhador realmente efetuou suas atividades laborativas.

A idade mínima para que a aposentadoria seja concedida também foi modificada. Assim, as regras que passaram a valer no setor privado atingiram casos específicos, a saber:

- Para aqueles que desempenham suas funções na **área urbana**, a idade mínima para os homens continuou sendo 65 anos, contudo, para as mulheres, houve a mudança de 60 para 62 anos.
- Na **área rural**, a idade mínima passou a ser de 55 anos para as mulheres e de 60 anos para os homens.
- Os **policiais** podem aposentar-se aos 55 anos, independentemente de gênero.
- Para os **professores**, a regra estipulou 57 anos para as mulheres e 60 anos para os homens.
- Quanto à idade mínima no **setor público**, a reforma determinou 65 anos para os homens e 62 anos para as mulheres.

Para saber mais

CONFIRA as principais mudanças da Nova Previdência. **Instituto Nacional do Seguro Social – INSS**, 19 nov. 2019. Disponível em: <https://www.gov.br/inss/pt-br/assuntos/noticias/confira-as-principais-mudancas-da-nova-previdencia>. Acesso em: 7 jul. 2021.

Conforme discutimos, a Nova Previdência foi promulgada pelo Congresso Nacional por meio da Emenda Constitucional n. 103/2019. Incumbida de efetuar um vasto conjunto de modificações no Sistema Previdenciário Brasileiro, ela engloba questões relativas à idade para aposentadoria, ao tempo de contribuição e às regras de transição. No *site* do INSS, é possível consultar um resumo das principais mudanças implementadas no sistema previdenciário nacional.

Nesta subseção, apresentamos apenas algumas das regras que foram alteradas pela reforma da previdência. Existem, ainda, outras muito importantes para o sistema previdenciário. Por isso, recomendamos uma leitura aprofundada dos trechos da CF/1988 que dispõem sobre a previdência social, bem como das emendas que os modificaram.

5.4 Distinção entre previdência aberta e previdência fechada

Os fundos de pensão referem-se à **previdência fechada**, que pode ser definida como aquela destinada a um público específico, sendo necessário o atendimento a alguns critérios de enquadramento para que este usufrua os benefícios fornecidos. Assim, a criação desse tipo de previdência ocorre por meio da contratação feita por uma empresa, associação ou entidade para que seus funcionários e/ou associados possam ter acesso a ela com taxas de administração reduzidas e outras facilidades.

Em contraposição, a **previdência aberta** refere-se aos planos complementares de previdência disponíveis a qualquer pessoa, não sendo necessário ter vínculo com determinada empresa. Desse modo, os interessados precisam apenas procurar uma seguradora, instituição financeira ou gestora do patrimônio que forneça esse tipo de serviço.

No próximo capítulo, aprofundaremos essa questão, visto que abordaremos a previdência complementar e a previdência privada.

Estudo de caso: cálculo de previdência

Introdução

O presente caso traz uma situação hipotética em que se deseja saber qual é a melhor aposentadoria e qual é o regime a ser aplicado no caso de Ricardo. Desse modo, este estudo aborda a previdência social, considerando os regimes e os aspectos que compõem o sistema previdenciário nacional, bem como a natureza da atividade laborativa desempenhada pelo cidadão, pois, por meio desta, definem-se as normas que serão aplicadas. O desafio, aqui, é refletir acerca do Sistema Previdenciário Brasileiro, de suas normas e de seu variado conjunto de hipóteses.

Caso

Ricardo de Almeida tem 45 anos, é brasileiro e um cidadão muito preocupado com seu futuro e com sua vida na terceira idade. Ele sabe que o sistema previdenciário nacional, por mais polêmico que seja, é responsável por conceder benefícios importantes para aqueles que contribuem de forma regular e atendem aos critérios estipulados. Também está a par de que, no ano de 2019, entrou em vigor a reforma da previdência, apesar de não saber quais foram as principais mudanças implementadas nem como estas podem impactar sua vida e a obtenção do benefício da aposentadoria que tanto almeja.

Ricardo é concursado e atua como professor universitário na Universidade Federal de Campina Grande (UFCG) há dez anos. Além disso, há seis anos, também atua como professor na Uniestudantes (nome fictício), universidade privada também localizada na cidade de Campina Grande, tendo efetuado a devida contribuição previdenciária derivada dessa ocupação.

Considerando a situação em que se encontra e os cargos que ocupa na rede de ensino superior pública e na rede privada, Ricardo deseja saber alguns aspectos básicos de seu direito de aposentadoria. Contudo, as respostas a suas dúvidas devem estar em conformidade com a legislação previdenciária, bem como com as normas – permanentes, não transitórias – e alterações relativas à reforma da previdência em vigor desde de 2019.

Assim, Ricardo pode obter aposentadoria pelo Regime Geral de Previdência Social (RGPS) e pelo Regime Próprio de Previdência Social (RPPS)? Quais são os critérios necessários para que a aposentadoria seja concedida? Ele poderia participar do Regime de Previdência Complementar (RPC)?

Resolução

O primeiro ponto que merece atenção se refere ao fato de que Ricardo é professor, uma profissão com regras próprias para concessão da aposentadoria, em razão dos encargos, dos esforços e das responsabilidades atreladas ao exercício dessa função.

Em conformidade com a regra permanente da Nova Previdência, inserida no ordenamento jurídico brasileiro por meio da Emenda Constitucional n. 103, de 12 de novembro de 2019, presente no art. 201 da Constituição Federal (CF) de 1988, os segurados precisam completar uma idade mínima e atingir determinado tempo de contribuição para que a aposentadoria seja concedida. De acordo com a regra, o tempo de contribuição, tanto para homens quanto para mulheres, é 25 anos, e a idade mínima, para professores, consiste em 57 anos para as mulheres e em 60 anos para os homens, sendo este o caso de Ricardo.

Levando em consideração essas regras e as informações apresentadas, para que Ricardo se aposente por meio do RPPS, será necessário que trabalhe por mais 15 anos, no mínimo, já que tem 45 anos e a idade mínima, no seu caso, é 60 anos, ao passo que deve contribuir também por mais 15 anos, visto que já efetuou 10 anos de contribuição dos 25 necessários. Quanto à aposentadoria pelo RGPS, Ricardo precisará contribuir por mais 19 anos, já que, até o momento, contribuiu por 6, sendo a regra relativa à idade igual à aplicada para a obtenção da aposentadoria do RPPS.

É importante, ainda, ressaltar que há mais um critério quanto ao cargo público de professor exercido por Ricardo para a obtenção da aposentadoria, já que esses profissionais precisam completar, no mínimo, dez anos de serviço público e cinco anos no último cargo. Em outras palavras, Ricardo já cumpriu os dez anos em questão e, para garantir sua aposentadoria, deve exercer o cargo em que deseja aposentar-se durante os cinco anos anteriores à sua aposentadoria.

É possível que Ricardo cumule as duas aposentadorias, tendo em vista o disposto no art. 37 e no art. 40, em seu parágrafo 4º, da CF/1988.

Além disso, Ricardo também pode complementar suas aposentadorias por meio da previdência privada, uma vez que se trata de uma opção facultativa. Para obter essa complementação, ele deve pagar uma empresa, uma seguradora ou um banco, sendo essa uma opção fornecida pela previdência complementar aberta. Além disso, se a universidade particular ou, até mesmo, a UFCG fornecerem plano de previdência fechada, Ricardo também pode optar por ele.

Para saber mais

MORAES, I. Aposentadoria de professor: como fica com a reforma? **Politize!**, 13 set. 2019. Disponível em: <https://www.politize.com.br/aposentadoria-de-professor/>. Acesso em: 7 jul. 2021.

RODRIGUES, F. Reforma da previdência e a aposentadoria especial dos professores. **Previdenciarista**, 3 jul. 2020. Disponível em: <https://previdenciarista.com/blog/reforma-da-previdencia-e-a-aposentadoria-especial-dos-professores/>. Acesso em: 7 jul. 2021.

Esses textos abordam o regime de aposentadoria especial dos professores, apresentando as principais mudanças implementadas pela reforma da previdência e as regras de transição estabelecidas.

BRANDÃO, T. H. **INSS**: acumulação de benefícios (aposentadorias e pensões) após a reforma. Disponível em: <https://www.youtube.com/watch?v=hB5-k2H0BVg>. Acesso em: 7 jul. 2021.

Nesse vídeo, Tasso Henrique Brandão discute as principais regras da Nova Previdência direcionadas para a acumulação de benefícios, englobando a pensão por morte e a aposentadoria.

Síntese

- A seguridade social é formada por três pilares: a saúde, a assistência social e a previdência social.
- Um dos objetivos principais da previdência social é fornecer condições de vida básicas para seus beneficiários.
- Apenas os contribuintes têm direito aos benefícios da previdência social.
- A previdência social é disciplinada pela CF/1988 e por normas infraconstitucionais.
- A principal norma acerca da previdência social é a Lei n. 8.213/1991.
- A Nova Previdência foi uma reforma responsável por estabelecer diversas modificações no Sistema Previdenciário Brasileiro, as quais passaram a vigorar a partir de 2019.

Previdência privada no Brasil

Conteúdos do capítulo

- Definição e características da previdência privada.
- Legislação da previdência complementar.
- Entidades fiscalizadoras e regularizadoras.
- Plano Gerador de Benefícios Livres (PGBL).
- Vida Gerador de Benefícios Livres (VGBL).
- Regime de tributação.
- Taxas de carregamento, de administração e de retorno.

Após o estudo deste capítulo, você será capaz de:

1. compreender a definição e as principais características da previdência privada;
2. analisar os principais aspectos das legislações acerca da previdência complementar;
3. diferenciar o PGBL e o VGBL;
4. identificar o papel das entidades fiscalizadoras e regularizadoras;
5. entender a aplicação das taxas de carregamento, de administração e de retorno.

capítulo 6

A previdência social gera várias polêmicas e discussões no Brasil, uma vez que é capaz de afetar profundamente a vida humana e os direitos fundamentais para sua manutenção.

A aposentadoria é responsável por fornecer rendimentos para as pessoas que estão na terceira idade ou que apresentam algum tipo de incapacidade que torne impossível o desempenho de suas funções laborativas. Assim, em ambos os casos, o benefício intenta fornecer condições de vida básicas e dignas.

Ainda que os benefícios concedidos pela previdência social precisem ser de, pelo menos, um salário mínimo, nem sempre esse é um valor suficiente para que todas as necessidades dos beneficiários sejam atendidas. Por isso, muitas pessoas, já pensando no futuro, buscam formas de aumentar sua aposentadoria. Em muitos casos, nesse cenário, a previdência complementar e a previdência privada são boas opções. Essas duas temáticas serão abordadas ao longo deste capítulo, juntamente aos tipos de planos que as compõem.

As previdências privadas também precisam ser fiscalizadas para que suas funções sejam devidamente desempenhadas. Neste capítulo, portanto, abordaremos também quais são as entidades que as fiscalizam e as regulam. Por fim, examinaremos o regime de tributação previdenciário em destaque, discutindo as taxas de carregamento, de administração e de retorno.

6.1 Aspectos gerais da previdência privada

Quando pensamos em algo privado nos referimos ao que é particular, ou seja, àquilo que está ou é reservado para certas pessoas, podendo ter relação com sua intimidade ou com sua propriedade. Desse modo, a ideia de privado contrapõe-se à de público, isto é, aquilo que pertence a todos e a que todos têm direito e acesso.

No capítulo anterior, discutimos a previdência pública, mas esta não é a única existente no sistema previdenciário nacional, tampouco reúne de forma exclusiva a atenção dos estudos sobre o tema. Diante disso, precisamos compreender os aspectos gerais da **previdência privada**, bem como seu funcionamento, seu papel e sua importância no ordenamento jurídico brasileiro.

As diversas mudanças que afetaram e ainda afetam o Sistema Previdenciário Brasileiro foram motivadas por transformações no mercado de trabalho, nas estruturas familiares e, por conseguinte, na demografia, considerando também os possíveis impactos econômicos desses fenômenos. Desse modo, o conjunto de modificações na sociedade e na previdência pública é responsável por abrir o campo de atuação e de relevância para a previdência privada no Brasil (Beltrão et al., 2004).

Ainda que o interesse da população pelas opções de aposentadorias e pensões privadas esteja crescendo na atualidade, elas não são assim tão recentes. Contudo, um estudo apresentado por Beltrão et al. (2004) demonstra que a legislação acerca do tema atribuiu mais segurança a esse tipo de plano e, consequentemente, acarretou um aumento em sua representatividade perante a economia nacional.

Os sistemas previdenciários englobam tanto a previdência privada quanto a pública. Ambas têm alguns objetivos em comum, e o mais marcante é o fato de reconhecerem que todas as pessoas têm direito à vida digna, principalmente nas hipóteses em que não apresentam capacidade de gerar renda própria nem de garantir sua subsistência.

A previdência social engloba muitos trabalhadores em suas normas e seus benefícios, porém, no momento inicial de sua criação, sua abrangência era menor, tal que não incluía categorias ocupacionais como os autônomos, os profissionais liberais, os empregadores e os trabalhadores rurais. Isso justificou e motivou o surgimento da previdência privada, conforme esclarecem Beltrão et al. (2004).

A existência da previdência privada não causa riscos ou impedimentos para a atuação da previdência social pública, nem o contrário. Na realidade, as normas estabelecem que ambas devem conviver em harmonia.

Exemplificando

No Brasil, existem outros setores em que a parceria entre o público e o privado é permitida e incentivada, e uma não atrapalha a outra. Pelo contrário, devem conviver em harmonia, obedecendo às normas fixadas em âmbitos constitucional e infraconstitucional. Exemplos disso podem ser observados na educação e no sistema de saúde, já que, em ambos os casos, o Estado é responsável e obrigado a fornecer os serviços para a população, independentemente de classe social, gênero, etnia etc., em decorrência do princípio da igualdade. Por outro lado, a Constituição Federal (CF) de 1988 permite tanto a educação privada quanto a saúde privada, desde que obedeçam aos preceitos legais e constitucionais (Brasil, 1988).

Beltrão et al. (2004) enfatizam, ainda, que a década de 1960 foi de suma importância para o crescimento, o fortalecimento e o retorno das instituições privadas, que, a partir de então, passaram a ser mais flexíveis e abertas às participações gerais, com atendimento a certos critérios. Nesse cenário, as previdências complementares, tanto fechadas quanto abertas, ganharam força e destaque.

As conquistas obtidas nos anos 1960 foram ampliadas na década seguinte. Uma prova disso é o estabelecimento da primeira regulamentação da previdência complementar, por intermédio da Lei n. 6.435, de 15 de julho de 1977, que promoveu e incentivou a expansão das grandes empresas estatais e a criação dos fundos de pensão atrelados a estas (Brasil, 1977a).

Mais uma vez, cabe frisar que a previdência privada nunca intencionou substituir a previdência social. Desde seu nascimento, ela esteve associada à ideia de complementar dos benefícios que já eram oferecidos pela previdência pública, tendo, ainda, o intuito de fortalecer e estimular os mercados de capitais, de incentivo e econômico, em decorrência dos interesses governamentais nesses âmbitos.

Diante disso, algumas diferenças podem ser mencionadas entre a previdência social e a previdência privada. Uma delas é o fato de que aquela é gerida pelo Governo Federal, sendo entendida como um direito dos cidadãos, assegurado pelo art. 6º da CF/1988, responsável por garantir que o trabalhador receba o benefício de uma renda, que tem início com a aposentadoria; ao passo que a previdência privada é de incumbência de empresas, bancos e seguradoras.

Além disso, outra diferença é que a previdência social tem contribuição obrigatória por um período certo de anos, sendo necessário que alguns requisitos sejam atendidos, como o tempo de contribuição e a idade mínima, para que o contribuinte se torne elegível para receber o benefício. Já a previdência privada não exige que nenhum requisito específico seja atendido, pois, mesmo que o melhor momento para o recolhimento dinheiro esteja no futuro, não há impedimentos para que os valores sejam retirados em momento anterior, desde que o investidor assuma, entenda e reconheça possíveis perdas. Desse modo, a previdência privada é mais flexível do que a previdência social, já que permite a negociação das condições para o recebimento do dinheiro investido.

Os assuntos relativos à previdência complementar têm ganhado espaço. Isso resultou no surgimento de novas leis e discussões sobre o tema, assim como no crescimento do interesse da população acerca de planos capazes de complementar os benefícios que já são fornecidos pela previdência social pública.

Figura 6.1 – Sistema Previdenciário Brasileiro

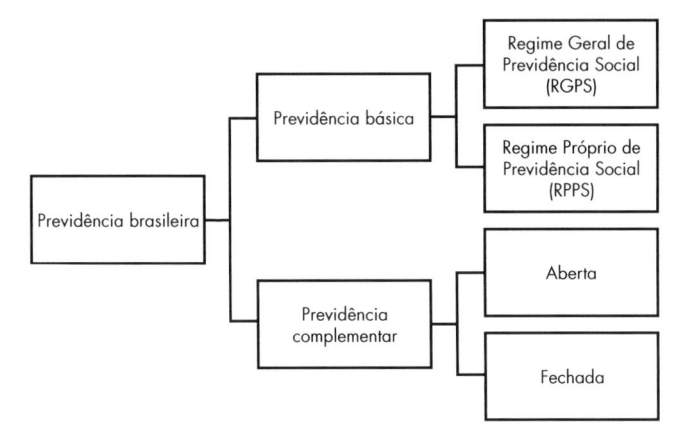

```
                                    ┌─ Regime Geral de
                                    │  Previdência Social
                    ┌─ Previdência ─┤  (RGPS)
                    │   básica      │
                    │               └─ Regime Próprio de
                    │                  Previdência Social
Previdência ────────┤                  (RPPS)
brasileira          │
                    │               ┌─ Aberta
                    │  Previdência  │
                    └─ complementar ┤
                                    └─ Fechada
```

Fonte: Elaborado com base em Beltrão et al., 2004.

Segundo Beltrão et al. (2004), o sistema previdenciário nacional é marcado por três pilares principais:

1. O primeiro é a **previdência social básica**, que abrange tanto ao Regime Geral de Previdência Social (RGPS) quanto ao Regime Próprio de Previdência Social (RPPS).
2. O segundo é a **previdência complementar fechada**, representada pelos fundos de pensão, que não têm fins lucrativos.
3. O terceiro é a **previdência complementar aberta**, formada por sociedades anônimas que podem ter ou não fins lucrativos.

Além disso, a previdência complementar fechada refere-se a um público específico, que engloba empregados, associados e profissionais liberais; ao passo que a previdência complementar aberta pode ser obtida por qualquer pessoa. Essa é a principal diferença entre ambas.

As demais características relativas a esses tipos de previdência complementar são marcadas por semelhanças, pois ambas operam no âmbito dos regimes de capitalização, independentemente de serem destinadas a indivíduos ou a coletividades. É importante ressaltar, no entanto, que as previdências complementares abertas só podem ser destinadas à capitalização individual. Esses dois modelos de aposentadoria complementar são voltados para a aplicação dos recursos arrecadados sob a forma de contribuição, com vistas à formação de capital que será responsável por garantir o devido pagamento dos benefícios.

Considerando os aspectos básicos discutidos até o momento acerca da previdência complementar, que também pode ser denominada *previdência privada*, podemos concluir que esta não está ligada ao Instituto Nacional do Seguro Social (INSS), já que seu objetivo principal é voltado para a complementação da previdência básica.

Como assinalamos, o caráter obrigatório da previdência social básica não existe no âmbito da complementação, que é considerada uma faculdade. Além disso, o valor e a periodicidade da contribuição também partem de uma opção, dependendo do tipo de previdência complementar escolhido e das regras dos planos contratados.

O valor da aposentadoria complementar é proporcional às contribuições realizadas, de modo que quanto maior for o investimento efetuado, maior será a aposentadoria obtida no futuro. Cabe, ainda, lembrarmos que, embora a previdência complementar seja direcionada para o cenário futuro, em caso de desistência, esta pode ser obtida antes do prazo desejado. Contudo, nesses cenários, pode haver algum tipo de prejuízo ou, até mesmo, perda de valores.

6.2 Legislação da previdência complementar

A primeira legislação responsável por apresentar normas para a previdência complementar foi a Lei n. 6.435/1977, e, no mesmo ano de sua aprovação, esta passou por alterações promovidas pela Lei n. 6.462, de 9 de novembro de 1977 (Brasil, 1977b), assim como pelos Decretos n. 81.240, de 20 de janeiro de 1978 (Brasil, 1978a), e n. 81.402, de 23 de fevereiro de 1978 (Brasil, 1978b), responsáveis por trazer regulamentações acerca das entidades de previdência privada fechada e aberta, respectivamente. As modificações não pararam por aí, pois, em 2001, entraram em vigor as Leis Complementares n. 108, de 29 de maio de 2001 (Brasil, 2001a), e n. 109, de 29 de maio de 2001 (Brasil, 2001b), com regulamentação direcionada para a previdência complementar.

Como a Lei n. 6.435/1977 foi pioneira no ordenamento jurídico brasileiro, sua finalidade principal consistia em racionalizar o setor, visto que muitas experiências negativas já tinham sido vivenciadas até então. Assim, essa norma surgiu como forma de fornecer proteção e segurança jurídica para os interessados em investir nesse modelo previdenciário. A lei, que já não está mais em vigor na atualidade, foi responsável por implementar várias determinações que até o momento não existiam, apresentando, ainda, alguns conceitos sobre o tema. Nesse sentido, as entidades de previdência privada (EPPs) foram definidas como aquelas "que têm por objetivo instituir planos privados de concessão de [...] benefícios complementares [...] aos da previdência social" (Brasil, 1977a). Com base nisso, podemos inferir que, desde o princípio, essas entidades e seus planos são marcados pela natureza facultativa e pela finalidade de complementar a previdência básica.

Por sua vez, o art. 4º da Lei n. 6.435/1977 era responsável por apresentar determinações relevantes quanto às diferenças entre a previdência privada aberta e a fechada. Assim, embora já tenhamos estudado essas distinções, é importante destacar o que a antiga legislação abordava sobre o tema:

> Art. 4º Para os efeitos da presente Lei, as entidades de previdência privada são classificadas:
>
> I – de acordo com a relação entre a entidade e os participantes dos planos de benefícios, em:
>
> a) fechadas, quando acessíveis exclusivamente aos empregados de uma só empresa ou de um grupo de empresas, as quais, para os efeitos desta Lei, serão denominadas patrocinadoras;
>
> b) abertas, as demais.
>
> II – de acordo com seus objetivos, em:
>
> a) entidades de fins lucrativos;
>
> b) entidades sem fins lucrativos.
>
> § 1º As entidades fechadas não poderão ter fins lucrativos.
>
> § 2º Para efeitos desta Lei, são equiparáveis aos empregados de empresas patrocinadoras os seus gerentes, os diretores e conselheiros ocupantes de cargos eletivos, bem como os empregados e respectivos dirigentes de fundações ou outras entidades de natureza autônoma, organizadas pelas patrocinadoras.

§ 3º O disposto no parágrafo anterior não se aplica aos diretores e conselheiros das empresas públicas, sociedades de economia mista e fundações vinculadas à Administração Pública.

§ 4º Às empresas equiparam-se entidades sem fins lucrativos, assistenciais, educacionais ou religiosas, podendo os planos destas incluir os seus empregados e os religiosos que as servem. (Brasil, 1977a)

A Lei n. 6.435/1977 também foi responsável por estabelecer a competência dos órgãos governamentais, como os incumbidos das funções normativas e executivas fiscais, tendo em vista as operações das entidades integrantes do sistema. Além disso, a constituição das EPPs dependia da autorização da Secretaria da Previdência Complementar (SPC), que, por sua vez, estava subordinada ao Ministério da Previdência e Assistência Social.

Ainda que diferenças marcantes existissem entre as entidades de previdência privada aberta e as fechadas, as atribuições relativas a ambas eram assinaladas por semelhanças significativas em suas diretrizes, suas normas, suas regulamentações, sua organização, seu funcionamento e sua fiscalização.

Embora tenha sido responsável por implementar normas relevantes para o ordenamento jurídico brasileiro, representando um avanço positivo para a sociedade e para o sistema previdenciário como um todo, a Lei n. 6.435/1977 despertou e causou uma série de questionamentos e preocupações, uma vez que, desde o momento de sua promulgação, não acompanhou a realidade e o contexto das previdências privadas (Beltrão et al., 2004).

A evolução da previdência privada demonstrou uma possibilidade de crescimento para esse tipo de previdência, o que exigia maior destaque para a agenda política, principalmente no que se refere à modernização e à readequação do aparato legal. Portanto, a legislação que até então estava em vigor não condizia mais com as necessidades e os interesses do setor. Diante desse contexto, houve foi aprovada a Emenda Constitucional n. 20, de 15 de dezembro de 1998 (Brasil, 1998), que considerou o novo cenário decorrente dos avanços da previdência privada.

A partir da Emenda Constitucional n. 20/1998 – incumbida de modificar o sistema de previdência social, estabelecendo regras de transição, entre outras providências –, normas de vários tipos foram introduzidas na CF/1988. Entre elas, merecem destaque os princípios básicos que devem servir de norte e/ou guia para o regime de previdência, a saber: a autonomia atribuída ao RGPS, o caráter funcional e as garantias quanto à constituição de reservas que assegurem o pagamento dos benefícios contratos.

Essa emenda também possibilitou a criação, por parte dos entes federados, de regimes próprios de previdência complementar para seus funcionários, estabeleceu limites para o aporte de recursos na atuação das patrocinadoras atuantes no setor público e permitiu que os fundos de pensão – entidades de previdência privada fechada – fossem destinados a entidades sindicais e/ou profissionais.

As determinações e novas normas fixadas pela Emenda Constitucional n. 20/1998 abriram as portas para novas legislações, como as mencionadas Leis Complementares n. 108/2001 e n. 109/2001 (Figura 6.2).

O que é?

Muitos questionamentos surgem a propósito das **leis complementares**, principalmente quando estas são contrapostas ou comparadas às leis ordinárias. Ambas estão previstas no art. 59 da CF/1988 como espécies normativas. A distinção entre os dois tipos de norma fica à cargo da doutrina, que, no geral, aponta dois critérios marcantes: o quórum de aprovação e a matéria, de acordo com Marques (2013). O quórum de aprovação refere-se à necessidade de votos adequados para que dada lei seja aprovada. Nesse sentido, as leis complementares são aprovadas por maioria absoluta, conforme o art. 69 da CF/1988, ao passo que as leis ordinárias são aprovadas por maioria simples, de acordo com o art. 47 da CF/1988. Já a matéria diz respeito ao assunto abordado por meio da legislação. Dessa forma, as leis complementares são direcionadas para matérias específicas, e as leis ordinárias têm natureza residual, isto é, a matéria que não exige lei complementar para ser disciplinada é objeto de lei ordinária.

A Lei Complementar n. 108/2001 é responsável por dispor sobre a relação entre a União, os estados, o Distrito Federal e os municípios, envolvendo, ainda, as autarquias, as fundações, as sociedades de economia mista e demais entidades públicas, assim como as **entidades fechadas de previdência complementar** (EFPCs). Já a Lei Complementar n. 109/2001 dispõe acerca do **Regime de Previdência Complementar** (RPC), fornecendo também outras providências sobre o tema, e foi responsável por substituir a Lei n. 6.435/1977, que, até então, era a principal legislação acerca da previdência privada, mas que, conforme ponderamos, precisava de atualizações, visto que já não se adequava à grande parte dos contextos e interesses relativos ao tema.

Figura 6.2 – Emenda Constitucional n. 20/1998 e Leis Complementares n. 108/2001 e n. 109/2001

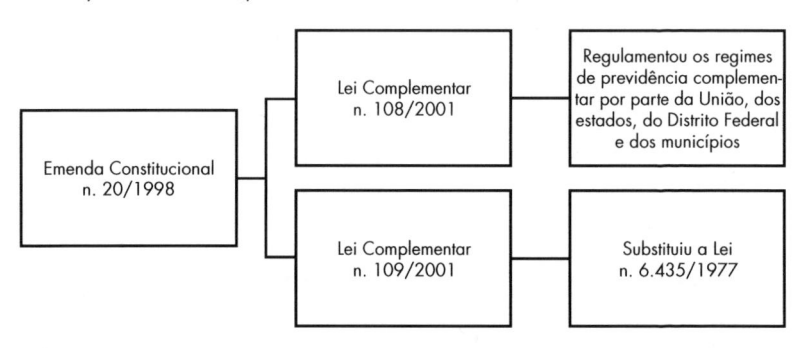

```
                              ┌─────────────────┐   ┌──────────────────────────┐
                              │ Lei Complementar│   │ Regulamentou os regimes  │
                              │  n. 108/2001    │───│ de previdência complemen-│
                              │                 │   │ tar por parte da União,  │
                              │                 │   │ dos estados, do Distrito │
┌──────────────────────┐      │                 │   │ Federal e dos municípios │
│ Emenda Constitucional│──────┤                 │   └──────────────────────────┘
│     n. 20/1998       │      │                 │
└──────────────────────┘      │ Lei Complementar│   │ Substituiu a Lei         │
                              │  n. 109/2001    │───│ n. 6.435/1977            │
                              └─────────────────┘   └──────────────────────────┘
```

Fonte: Elaborado com base em Beltrão et al., 2004.

Considerando a importância das duas leis complementares, analisaremos suas principais normas, tendo como fulcro a Emenda Constitucional n. 20/1998.

A Lei Complementar n. 108/2001, em seu art. 1°, define aquilo que será abordado em seus dispositivos:

> Art. 1° A relação entre a União, os Estados, o Distrito Federal e os Municípios, inclusive suas autarquias, fundações, sociedades de economia mista e empresas controladas direta ou indiretamente, enquanto patrocinadores de entidades fechadas de previdência complementar, e suas respectivas entidades fechadas, a

que se referem os §§ 3º, 4º, 5º e 6º do art. 202 da Constituição Federal, será disciplinada pelo disposto nesta Lei Complementar. (Brasil, 2001a)

Além disso, essa lei complementar

> regulamenta [...] as EFPCs patrocinadas por empresas privadas permissionárias ou concessionárias de prestação de serviços públicos e proíbe as EFPCs patrocinadas por empresas controladas, direta ou indiretamente, por algum dos entes governamentais e que possuam planos de benefício definido (BD) de exercer o controle ou de participar de acordo de acionistas que tenha por objeto a formação de bloco de controle sem autorização do patrocinador e ente controlador. (Beltrão et al., 2004, p. 7)

As EFPCs patrocinadas por entes públicos, em conformidade com a lei, devem estar organizadas como fundação ou sociedade civil, sem fins lucrativos. Sua instituição depende da autorização do órgão fiscalizador do sistema.

A estrutura dessas entidades precisa ser composta por conselho deliberativo, conselho fiscal e diretoria executiva (Figura 6.3), cada um com suas próprias competências, conforme o disposto no art. 9º da Lei Complementar n. 108/2001.

Figura 6.3 – Estrutura das entidades fechadas de previdência complementar

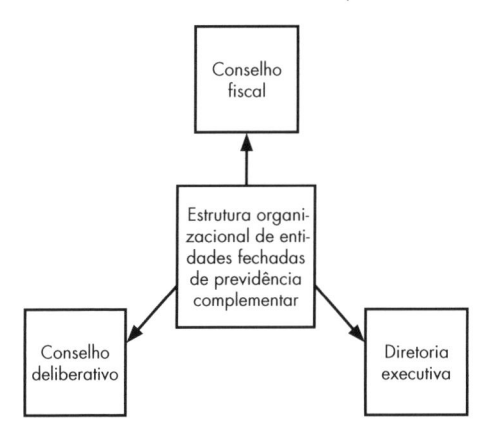

Assim, o **conselho deliberativo**, conforme o art. 10 dessa lei complementar, é o órgão máximo da estrutura organizacional, responsável por

definir as políticas gerais de administração da entidade e de seus planos de benefícios. Além disso, o art. 13 estabelece:

> Art. 13. Ao conselho deliberativo compete a definição das seguintes matérias:
>
> I – política geral de administração da entidade e de seus planos de benefícios;
>
> II – alteração de estatuto e regulamentos dos planos de benefícios, bem como a implantação e a extinção deles e a retirada de patrocinador;
>
> III – gestão de investimentos e plano de aplicação de recursos;
>
> IV – autorizar investimentos que envolvam valores iguais ou superiores a cinco por cento dos recursos garantidores;
>
> V – contratação de auditor independente atuário e avaliador de gestão, observadas as disposições regulamentares aplicáveis;
>
> VI – nomeação e exoneração dos membros da diretoria-executiva; e
>
> VII – exame, em grau de recurso, das decisões da diretoria-executiva.
>
> Parágrafo único. A definição das matérias previstas no inciso II deverá ser aprovada pelo patrocinador. (Brasil, 2001a)

Já o **conselho fiscal** é o órgão de controle interno da entidade, conforme disposição do art. 14 da Lei Complementar n. 108/2001, composto por, no máximo, quatro membros, sendo suas vagas divididas de forma paritária entre os representantes dos patrocinadores e dos participantes e assistidos – estes últimos são incumbidos de indicar o conselheiro presidente.

O terceiro componente que faz parte da estrutura da organização é a **diretoria executiva**, órgão responsável por realizar a administração da entidade, de acordo com a política de administração traçada pelo conselho deliberativo. A diretoria é composta por, no máximo, seis membros, escolhidos com base no patrimônio da entidade e no número de participantes, contabilizando, ainda, os assistidos, conforme disposto pelo art. 19 da Lei Complementar n. 108/2001.

Além disso, o art. 20 e o art. 21, respectivamente, determinam quais são os requisitos mínimos exigidos para os membros da diretoria executiva e o que lhes é vedado:

> Art. 20. Os membros da diretoria-executiva deverão atender aos seguintes requisitos mínimos:

I – comprovada experiência no exercício de atividade na área financeira, administrativa, contábil, jurídica, de fiscalização, atuarial ou de auditoria;

II – não ter sofrido condenação criminal transitada em julgado;

III – não ter sofrido penalidade administrativa por infração da legislação da seguridade social, inclusive da previdência complementar ou como servidor público; e

IV – ter formação de nível superior.

Art. 21. Aos membros da diretoria-executiva é vedado:

I – exercer simultaneamente atividade no patrocinador;

II – integrar concomitantemente o conselho deliberativo ou fiscal da entidade e, mesmo depois do término do seu mandato na diretoria-executiva, enquanto não tiver suas contas aprovadas; e

III – ao longo do exercício do mandato prestar serviços a instituições integrantes do sistema financeiro. (Brasil, 2001a)

Por meio do art. 6º e do art. 7º da Lei Complementar n. 108/2001, podemos verificar que o custeio do plano de benefícios e de suas despesas administrativas é de responsabilidade do patrocinador e dos participantes, considerando, também, os assistidos. Além disso, a contribuição fornecida pelo patrocinador não pode superar a dos participantes. Estes têm, ainda, poder de decidir se efetuam ou não aportes adicionais, e, se optarem por efetuar, não devem envolver a contrapartida do patrocinador, conforme os parágrafos 2º e 3º do art. 6º.

Outras disposições importantes estão presentes na Lei Complementar n. 108/2001. Por isso, recomendamos a leitura integral do documento, para um maior aprofundamento sobre o tema.

Já a Lei Complementar n. 109/2001 é, como indicamos, responsável por dispor sobre o RPC e outras providências. Ainda que outras leis a propósito da previdência privada sejam importantes para a discussão, essa lei complementar merece atenção, pois é responsável por apresentar os conceitos básicos sobre o tema e por substituir a Lei n. 6.435/1977, primeira legislação a tratar do assunto.

Em seu art. 1º, a Lei Complementar n. 109/2001 determina que:

Art. 1º O regime de previdência privada, de caráter complementar e organizado de forma autônoma em relação ao regime geral de previdência social, é facultativo, baseado na constituição de reservas que garantam o benefício, nos termos do caput do art. 202 da Constituição Federal, observado o disposto nesta Lei Complementar. (Brasil, 2001b)

Já em seu art. 2º dispõe sobre aquilo que destacamos e enfatizamos acerca da natureza e do papel atribuído à previdência privada, ou seja, seu caráter complementar.

Uma das principais inovações e acréscimos da Lei Complementar n. 109/2001, como substituta da Lei n. 6.435/1977, foi atribuir ao Estado o papel de definir a política de previdência complementar, fiscalizar as entidades e assegurar, tanto aos participantes quanto aos assistidos, o pleno acesso às informações sobre a gestão de seus planos de benefícios. Esses fatores objetivam garantir mais transparência ao sistema, como pode ser visto no art. 3º da legislação:

> Art. 3º A ação do Estado será exercida com o objetivo de:
>
> I – formular a política de previdência complementar;
>
> II – disciplinar, coordenar e supervisionar as atividades reguladas por esta Lei Complementar, compatibilizando-as com as políticas previdenciária e de desenvolvimento social e econômico-financeiro;
>
> III – determinar padrões mínimos de segurança econômico-financeira e atuarial, com fins específicos de preservar a liquidez, a solvência e o equilíbrio dos planos de benefícios, isoladamente, e de cada entidade de previdência complementar, no conjunto de suas atividades;
>
> IV – assegurar aos participantes e assistidos o pleno acesso às informações relativas à gestão de seus respectivos planos de benefícios;
>
> V – fiscalizar as entidades de previdência complementar, suas operações e aplicar penalidades; e
>
> VI – proteger os interesses dos participantes e assistidos dos planos de benefícios. (Brasil, 2001b)

Além dessas, Beltrão et al. (2004) apontam outras inovações implementadas pela Lei Complementar n. 109/2001:

- criação da figura do instituidor;
- participação dos trabalhadores nos conselhos das entidades;
- estrutura organizacional mínima;

- plano de benefícios na contribuição definida;
- portabilidade e definição do conceito de benefício proporcional diferido;
- permissão para a transferência de recursos das entidades fechadas para abertas;
- fusão dos órgãos reguladores e fiscalizadores das entidades fechadas e abertas.

Desse modo, a Lei Complementar n. 109/2001 torna possível que tanto as entidades de previdência complementar aberta quanto as fechadas apresentem planos, mas estes devem seguir normas e padrões determinados pelos órgãos reguladores. Além disso, ainda que tenham certa liberdade para estabelecer aquilo que deve ser seguido e atendido como critério, essas entidades não podem ignorar as determinações gerais da lei complementar em questão e da CF/1988, pois, caso contrário, os planos serão considerados ilegais e/ou inconstitucionais. Por isso, a transparência e a obediência ao equilíbrio econômico-financeiro são fundamentais.

Exercício resolvido

O ordenamento jurídico brasileiro é composto por um conjunto variado e complexo de legislações, que reúne normas sobre várias temáticas e precisam estar de acordo com os interesses e as necessidades da sociedade e do contexto em que estão inseridas. Uma vez que a humanidade está em frequente evolução, mudanças legais são benéficas e imprescindíveis em muitos aspectos. Considerando as transformações e os avanços corridos na legislação relativa à previdência privada, assinale a alternativa correta:

a. A Lei Complementar n. 109, de 29 de maio de 2001, dispõe sobre a relação entre a União, os estados, o Distrito Federal, os municípios, suas autarquias, suas fundações, as sociedades de economia mista, outras entidades públicas e suas respectivas entidades fechadas de previdência complementar e dá outras providências.
b. A Emenda Constitucional n. 20, de 15 de dezembro de 1998, não foi responsável por proporcionar grandes mudanças nas leis sobre

previdência privada, por isso a Lei n. 6.435, de 15 de julho de 1977, permanece em vigor até os dias atuais.

c. A Lei Complementar n. 108, de 29 de maio de 2001, dispõe acerca do Regime de Previdência Complementar (RPC), sendo a primeira a abordar esse tema no ordenamento jurídico brasileiro.

d. A Lei Complementar n. 109/2001 é responsável por dispor sobre o RPC e substituiu a Lei n. 6.435/1977; entre as principais mudanças que apresentou está a criação da figura do instituidor.

Gabarito: d

Comentário: A alternativa *a* está incorreta, pois a Lei Complementar que dispõe sobre a relação entre a União, os estados, o Distrito Federal e os municípios, suas autarquias, suas fundações, as sociedades de economia mista, outras entidades públicas e suas respectivas entidades fechadas de previdência complementar é a n. 108/2001. A alternativa *b* está errada, já que a Emenda Constitucional n. 20/1998 foi responsável por implementar diversas mudanças quanto ao funcionamento da previdência privada e a Lei n. 6.435/1977 não está mais em vigor, tendo sido substituída pela Lei Complementar n. 109/2001. Por sua vez, a alternativa *c* está incorreta, porque a legislação que dispõe acerca do RPC é a Lei Complementar n. 108/2001; além disso, a Lei n. 6.435/1977 foi a primeira a abordar a previdência privada no ordenamento jurídico nacional.

Considerando as principais disposições apresentadas pela Lei Complementar n. 109/2001, as EFPCs são acessíveis aos empregados de empresas privadas, aos grupos de empresas e servidores de entes governamentais e aos associados ou membros de pessoas jurídicas de caráter profissional, classista ou setorial.

Essas entidades privadas representam uma nova realidade para o setor com os planos que administram, classificados em planos comuns e multiplano. Além disso, de acordo com o número de patrocinadores ou instituidores vinculados a eles, podem ser planos singulares ou planos multipatrocinados.

Ademais, a Lei Complementar n. 109/2001 tornou obrigatório que as organizações das EFPCs assumissem a forma de fundações de direito privado ou de sociedades civis sem fins lucrativos, bem como determinou que estas tenham como finalidade a administração e a execução de planos de benefícios de natureza previdenciária, proibindo a prestação de qualquer outro serviço.

É importante, ainda, salientar que os planos oferecidos por essas entidades devem ser ofertados para todos empregados ou servidores do patrocinador e dos associados. Contudo, a adesão é facultativa, assim, embora o benefício seja ofertado a todos, ele somente é adquirido por aqueles que optarem.

Nesse contexto, vale destacar que os planos de benefícios precisam atender a alguns institutos específicos, portanto, devem observar as normas estabelecidas pelos órgãos incumbidos de regularizá-los e fiscalizá-los, conforme o teor do art. 14 da Lei Complementar n. 109/2001:

Art. 14. Os planos de benefícios deverão prever os seguintes institutos, observadas as normas estabelecidas pelo órgão regulador e fiscalizador:

I – benefício proporcional diferido, em razão da cessação do vínculo empregatício com o patrocinador ou associativo com o instituidor antes da aquisição do direito ao benefício pleno, a ser concedido quando cumpridos os requisitos de elegibilidade;

II – portabilidade do direito acumulado pelo participante para outro plano;

III – resgate da totalidade das contribuições vertidas ao plano pelo participante, descontadas as parcelas do custeio administrativo, na forma regulamentada; e

IV – faculdade de o participante manter o valor de sua contribuição e a do patrocinador, no caso de perda parcial ou total da remuneração recebida, para assegurar a percepção dos benefícios nos níveis correspondentes àquela remuneração ou em outros definidos em normas regulamentares.

§ 1º Não será admitida a portabilidade na inexistência de cessação do vínculo empregatício do participante com o patrocinador.

§ 2º O órgão regulador e fiscalizador estabelecerá período de carência para o instituto de que trata o inciso II deste artigo.

§ 3º Na regulamentação do instituto previsto no inciso II do caput deste artigo, o órgão regulador e fiscalizador observará, entre outros requisitos específicos, os seguintes:

I – se o plano de benefícios foi instituído antes ou depois da publicação desta Lei Complementar;

II – a modalidade do plano de benefícios.

§ 4º O instituto de que trata o inciso II deste artigo, quando efetuado para entidade aberta, somente será admitido quando a integralidade dos recursos financeiros correspondentes ao direito acumulado do participante for utilizada para a contratação de renda mensal vitalícia ou por prazo determinado, cujo prazo mínimo não poderá ser inferior ao período em que a respectiva reserva foi constituída, limitado ao mínimo de quinze anos, observadas as normas estabelecidas pelo órgão regulador e fiscalizador. (Brasil, 2001b)

A Lei Complementar n. 109/2001 também dispõe acerca das entidades abertas de previdência complementar (EAPC), voltadas à instituição de planos previdenciários concedidos em forma de renda continuada ou pagamento único a qualquer pessoa física. Em suma, o público dessas entidades não é exclusivo ou fechado, sendo composto por qualquer pessoa que deseja complementar sua aposentadoria. Nesse sentido, seu art. 26 inicia as disposições presentes na Seção III, dedicada aos planos de benefícios de entidades abertas, e traz determinações tanto em seu *caput* quanto em seus incisos e parágrafos:

Art. 26. Os planos de benefícios instituídos por entidades abertas poderão ser:

I – individuais, quando acessíveis a quaisquer pessoas físicas; ou

II – coletivos, quando tenham por objetivo garantir benefícios previdenciários a pessoas físicas vinculadas, direta ou indiretamente, a uma pessoa jurídica contratante.

§ 1º O plano coletivo poderá ser contratado por uma ou várias pessoas jurídicas.

§ 2º O vínculo indireto de que trata o inciso II deste artigo refere-se aos casos em que uma entidade representativa de pessoas jurídicas contrate plano previdenciário coletivo para grupos de pessoas físicas vinculadas a suas filiadas.

§ 3º Os grupos de pessoas de que trata o parágrafo anterior poderão ser constituídos por uma ou mais categorias específicas de empregados de um mesmo empregador, podendo abranger empresas coligadas, controladas ou subsidiárias, e por membros de associações legalmente constituídas, de caráter profissional ou classista, e seus cônjuges ou companheiros e dependentes econômicos.

§ 4° Para efeito do disposto no parágrafo anterior, são equiparáveis aos empregados e associados os diretores, conselheiros ocupantes de cargos eletivos e outros dirigentes ou gerentes da pessoa jurídica contratante.

§ 5° A implantação de um plano coletivo será celebrada mediante contrato, na forma, nos critérios, nas condições e nos requisitos mínimos a serem estabelecidos pelo órgão regulador.

§ 6° É vedada à entidade aberta a contratação de plano coletivo com pessoa jurídica cujo objetivo principal seja estipular, em nome de terceiros, planos de benefícios coletivos. (Brasil, 2001b)

As entidades abertas de previdência complementar são representadas por bancos, companhias de seguro ou instituições que se assemelhem a ambos ou a um desses, desde que sejam sociedades anônimas e com fins lucrativos.

Por sua vez, o Capítulo III da Lei Complementar n. 109/2001 aborda especificamente as EFPCs. Seus artigos são direcionados para os aspectos gerais e específicos da previdência privada fechada, sendo um exemplo o dispositivo destacado a seguir:

Art. 31. As entidades fechadas são aquelas acessíveis, na forma regulamentada pelo órgão regulador e fiscalizador, exclusivamente:

I – aos empregados de uma empresa ou grupo de empresas e aos servidores da União, dos Estados, do Distrito Federal e dos Municípios, entes denominados patrocinadores; e

II – aos associados ou membros de pessoas jurídicas de caráter profissional, classista ou setorial, denominadas instituidores.

§ 1° As entidades fechadas organizar-se-ão sob a forma de fundação ou sociedade civil, sem fins lucrativos.

§ 2° As entidades fechadas constituídas por instituidores referidos no inciso II do caput deste artigo deverão, cumulativamente:

I – terceirizar a gestão dos recursos garantidores das reservas técnicas e provisões mediante a contratação de instituição especializada autorizada a funcionar pelo Banco Central do Brasil ou outro órgão competente;

II – ofertar exclusivamente planos de benefícios na modalidade contribuição definida, na forma do parágrafo único do art. 7° desta Lei Complementar.

§ 3º Os responsáveis pela gestão dos recursos de que trata o inciso I do parágrafo anterior deverão manter segregados e totalmente isolados o seu patrimônio dos patrimônios do instituidor e da entidade fechada.

§ 4º Na regulamentação de que trata o caput, o órgão regulador e fiscalizador estabelecerá o tempo mínimo de existência do instituidor e o seu número mínimo de associados. (Brasil, 2001b)

Cumpre ainda ressaltar que o art. 32 dessa lei delimita o objeto das entidades fechadas:

Art. 32. As entidades fechadas têm como objeto a administração e execução de planos de benefícios de natureza previdenciária.

Parágrafo único. É vedada às entidades fechadas a prestação de quaisquer serviços que não estejam no âmbito de seu objeto, observado o disposto no art. 76. (Brasil, 2001b)

Ademais, Beltrão et al. (2004) destacam que, por mais importante e inovadora que a Lei Complementar n. 109/2001 seja, há falhas e obstáculos que precisam ser superados, com algumas situações que ainda não foram devidamente regulamentadas.

6.3 Plano Gerador de Benefícios Livres e Vida Gerador de Benefícios Livres

Ao longo deste capítulo, analisamos as definições de previdência privada aberta e a previdência privada fechada, assim como suas principais diferenças. Agora, é importante distinguir os tipos de previdência privada aberta: o Vida Gerador de Benefício Livre (VGBL) e o Plano Gerador de Benefício Livre (PGBL) (Figura 6.4).

Figura 6.4 – Tipos de previdência privada aberta

```
          Previdência privada
                aberta
          /                  \
Vida Gerador de         Plano Gerador de
Benefício Livre (VGBL)  Benefício Livre (PGBL)
```

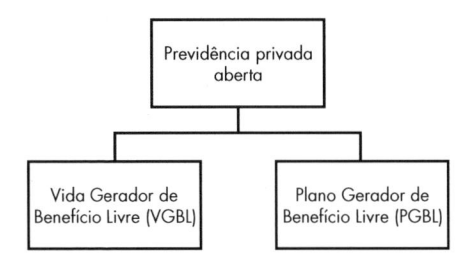

O **PGBL** é um plano da previdência privada aberta cujo benefício principal consiste na possibilidade de dedução do Imposto de Renda (IR), pois as pessoas que optam por investir nesses planos podem deduzir até 12% da renda tributável por meio deles. Portanto, o PGBL é direcionado para aqueles que declaram o IR por meio do formulário completo.

O que é?

O **IR** é um tributo cobrado todos os anos pelo Governo Federal sobre os ganhos das pessoas físicas e jurídicas. Seu valor é pago conforme os rendimentos declarados, portanto os cidadãos com renda maior pagam uma quantia superior de impostos, e aqueles com renda menor pagam menos. Na extensa lista dos rendimentos tributáveis, estão incluídos os salários, os aluguéis, os investimentos e o pagamento das mensalidades de cursos e escolas, por exemplo. É comum todos os anos, durante o período de pagamento do IR, observarmos pessoas preocupadas com seu cálculo, pois, mesmo que o sistema seja relativamente simples, nem todos conseguem entender seu funcionamento. Desse modo, quanto maior é o volume de serviços, produtos e rendas a declarar, mais minucioso é o processo. Salientamos, ainda, que sonegar impostos é crime, e, por isso, os procedimentos de declaração e o pagamento devem ser feitos com cautela.

Os planos são personalizados e montados conforme o perfil e as necessidades dos investidores, ponderando-se, ainda, as melhores condições tributárias. Além disso, podem considerar tanto a possibilidade de o dinheiro ser sacado apenas uma vez quanto a de ser transformado em uma renda mensal no futuro, que é a opção mais comum quando a intenção é a complementação da aposentadoria, também paga mensalmente.

Por sua vez, o **VGBL** é o plano mais vendido e utilizado no mercado da previdência nacional. Destaca-se pela forma de tributação de seus recursos, já que os impostos incidem apenas sobre os lucros obtidos com o investimento. Assim, em caso de perdas financeiras impostas pelos riscos, o inventário do investidor não é prejudicado nem está sujeito a imposto sobre herança, embora funcione como uma espécie de seguro de vida para os beneficiários escolhidos por ele no instante da elaboração e da contratação do plano. O VGBL é, portanto, mais adequado para aquelas pessoas que escolhem a declaração simplificada do IR, pois podem optar pelo desconto padrão de 20%, o que resulta na recusa de outras maneiras de desoneração.

Esses fundos de previdência apresentam algumas diferenças. A primeira já foi mencionada: o PGBL é voltado para a declaração do IR pelo formulário completo, e o VGBL se direciona à declaração simplificada. Dessa forma, a principal diferença entre esses dois planos se refere à tributação. Nesse sentido, é importante destacar que nenhum dos dois está sujeito ao come-cotas, a antecipação do IR a cada seis meses, o que os distingue dos demais fundos de investimento. Em outras palavras, uma vez que o PGBL e o VGBL não estão expostos ao come-cotas, os recursos e os investimentos relativos a eles só se tornam sujeitos à cobrança do IR quando são resgatados ou quando o contribuinte começa a recebê-los na renda mensal decorrente do plano. Logo, quanto maior for o tempo de contribuição, maior será a quantidade acumulada, já que não há esse abatimento.

Nesse contexto, é importante mencionar que existem duas formas de tributação dos resgates em planos de previdência privada, uma apoia-se na tabela progressiva, e a outra, na tabela regressiva definitiva.

A **tabela progressiva** (Tabela 6.1) recebe essa nomenclatura pois apresenta alíquotas maiores à medida que o valor a ser resgatado e compensado também aumentam, já que as despesas com dependentes, com saúde e de outros tipos são dedutíveis no cálculo do imposto a ser pago. Essa tabela é revista todos os anos pela Receita Federal, e as pessoas com 65 anos ou mais têm os valores dobrados quando deixam para resgatar o investimento após essa idade, ou seja, os benefícios são maiores para aqueles que aguardam o 65º aniversário.

Tabela 6.1 – Tabela progressiva do IR a partir do mês de abril do ano-calendário de 2015

Valor		Alíquota		Parcela a deduzir do IRPF	
Mensal	**Anual**	**Mensal**	**Anual**	**Mensal**	**Anual**
Até R$ 1.903,98	Até R$ 22.847,76	Isento	Isento	R$ 0,00	R$ 0,00
De R$ 1.903,99 até R$ 2.826,65	De R$ 22.847,77 até R$ 33.919,80	7,5%	7,5%	R$142,80	R$ 1.713,58
De R$ 2.826,66 até R$ 3.751,05	De R$ 33.919,81 até R$ 45.012,60	15%	15%	R$ 354,80	R$ 4.257,57
De R$ 3.751,06 até R$ 4.664,68	De R$ 45.012,61 até R$ 55.976,16	22,5%	22,5%	R$ 636,13	R$ 7.633,51
Acima de R$ 4.664,68	Acima de R$ 55.976,16	27,5%	27,5%	R$ 869,36	R$ 10.432,32

Fonte: Elaborado com base em IRPF..., 2015.

Assim, no caso da tabela progressiva, o IR deve ser recolhido quando o contribuinte for receber os recursos dos planos, seja recolhido em parcela única, seja como renda mensal.

Já na **tabela regressiva definitiva** (Tabela 6.2), como o próprio nome indica, quanto maior for o tempo de aplicação, menor será a alíquota, que diminui em 5% a cada dois anos e incide de maneira definitiva no momento da tributação, não havendo ajuste anual.

Tabela 6.2 – Tabela regressiva definitiva

Prazo de investimento	Alíquota
Até 2 anos	35%
2 a 4 anos	30%
4 a 6 anos	25%
6 a 8 anos	20%
8 a 10 anos	15%
Acima de 10 anos	10%

Fonte: Campani, 2021.

Tanto a tabela regressiva definitiva quanto a progressiva podem acarretar ganhos fiscais para o PGBL ou o VGBL.

Exercício resolvido

A previdência privada divide-se em fechada e aberta, e esta última é, ainda, subdividida em dois planos, o Plano Gerador de Benefício Livre (PGBL) e o Vida Gerador de Benefício Livre (VGBL). Assim, considerando as características principais desses dois planos, assinale a alternativa correta:

a. O PGBL tem relação direta com a declaração do Imposto de Renda (IR), pois destina-se a quem declara de forma completa e regular.

b. O PGBL é o plano destinado para as pessoas que escolhem efetuar a declaração do IR de forma simplificada, ou seja, optam pelo desconto padrão de 20%.

c. A declaração do IR feita no VGBL abate da base de cálculo do IR até 12% do total da renda bruta tributável, assim são considerados salários, aluguéis, pensões, entre outros.

d. A tabela regressiva definitiva é aquela que apresenta alíquotas maiores conforme o valor a ser resgatado e compensado aumenta, já que as despesas com dependentes, com saúde e de outros tipos são dedutíveis no cálculo do IR a ser pago.

Gabarito: a

Comentário: O PGBL tem relação direta com a declaração do IR, porque se destina àqueles que optam pela declaração feita de forma completa, e o VGBL é destinado às pessoas que efetuam a declaração de forma simplificada. As alternativas *b* e *c* são incorretas porque o desconto padrão de 20% diz respeito ao VGBL. A alternativa *d* não é correta, pois apresenta definições da tabela progressiva, e não da tabela regressiva definitiva.

É importante ainda relembrar que, no caso do VGBL, o IR incide somente sobre o rendimento, ou seja, a diferença entre aquilo que foi aplicado e o que foi resgatado após o período de investimento. Já o PGBL recai sobre a totalidade dos recursos investidos no plano.

Adiantando um pouco o assunto que será abordado na próxima seção, cabe destacar algumas questões. Sabemos que uma das vantagens atreladas aos planos de previdência privada é relativa à portabilidade, que, contudo, não pode acontecer em qualquer hipótese. Uma situação que não comporta a portabilidade se refere justamente aos planos VGBL e PGBL, pois ambos são de modalidades distintas. Ademais, ela também não permite a troca entre regimes tributários, assim não há chance de troca do regime regressivo para o progressivo.

Esses fatores enfatizam, mais uma vez, que a escolha por um plano de previdência privada precisa ser feita com extrema cautela, pois existem aspectos que não podem ser modificados após essa decisão.

Isso não quer dizer que não há soluções para as pessoas que desejarem trocar do VGBL para o PGBL ou vice-versa, senão apenas que a portabilidade não é uma delas. A mudança requer que o interessado resgate o dinheiro para fazer o investimento no outro plano, porém, nesses casos, há a incidência do IR. Não se trata, na realidade, de uma opção vantajosa para os investidores, já que pode proporcionar mais prejuízos do que lucros e vantagens.

6.4 Vantagens dos planos de previdência privada

Os planos de previdência privada, em regra, são formados por fundos de previdência, que se assemelham e funcionam como os fundos de investimento comuns. Assim, além das vantagens vinculadas a estes – detalhadas no Capítulo 2 deste livro –, apresentam outros benefícios adicionais.

Uma das principais vantagens dos fundos de previdência refere-se à **dedução tributária**, já que o IR deles se baseia em seus aportes, ao passo que a alíquota é de apenas 10%. Além disso, nos casos em que o dinheiro for investido por um período superior a 10 anos, as regras do modelo tributário regressivo podem ser aplicadas. Dessa forma, os benefícios tributários estão disponíveis para aqueles que investem em planos de previdência, uma vez que há a possibilidade de que os abatimentos gerados nas contribuições da declaração de IR signifiquem uma diferença importante, principalmente para investidores disciplinados.

Para saber mais

MONEYLAB. Investir em previdência pode ser alternativa para reduzir cobrança de IR. **InfoMoney**, 29 set. 2020. Disponível em: <https://www.infomoney.com.br/onde-investir/investir-em-previdencia-pode-ser-alternativa-para-reduzir-cobranca-de-ir/>. Acesso em: 7 jul. 2021.

Esse texto detalha questões acerca da tributação do IR e sua relação com a escolha dos planos da segurança proporcionada, que atraem cada vez mais investidores, pois, além da segurança proporcionada, o imposto que recai sobre seus rendimentos é menor.

Outra grande vantagem dos fundos previdência é o fato de fornecerem benefícios para o âmbito da **sucessão patrimonial**, porque os investimentos efetuados podem ser encarados como uma espécie de seguro de vida, ainda que não sejam vistos como uma norma comum da herança.

Os planos de previdência complementar possibilitam que o investidor insatisfeito com os planos a que está exposto migre seus recursos e investimentos para outro, sem que seja necessário efetuar o resgate ou pagar IR e outros custos. Nesse sentido, a **portabilidade** da previdência privada pode ocorrer tanto no âmbito interno, ou seja, entre os planos de uma mesma instituição financeira, quanto no externo, com a mudança de plano e instituição. Isso geralmente ocorre quando as taxas do plano são elevadas ou a rentabilidade não atendeu às expectativas do investidor.

Reforçamos a necessidade de que a escolha do plano de previdência privada seja feita com cautela e atenção, em razão dos riscos inerentes a esse campo. Um dos primeiros passos na opção por um fundo consiste na compreensão da estratégia adotada por ele, considerando qual é a mais adequada ao interesse do investidor. Além disso, a gestão dos fundos é um fator importante, sendo os melhores aqueles com boa reputação e gestores idôneos, pois, nesse caso, os riscos e os problemas são menores.

6.5 Funcionamento dos fundos de previdência

A compreensão do funcionamento dos fundos de previdência permite visualizar sua atuação no âmbito prático com mais facilidade. Nesse sentido, o primeiro ponto que precisa ser destacado se refere à composição da **carteira de investimentos**, já que, assim como nos fundos de investimento, esta é importante e marcada pela diversidade.

O fato de a carteira ser distinta também é considerado uma vantagem, pois possibilita que os investidores – naturalmente, dotados de objetivos específicos – encontrem, com maior facilidade, a opção mais adequada a seus interesses, bem como facilita o trabalho dos gestores, que procuram oferecer opções variadas para atender a perfis diversos.

Os fundos de previdência, segundo a Associação Brasileira de Entidades dos Mercados Financeiros e de Capitais (Anbima), dividem-se em 23 tipos, agrupados em 4 categorias, de acordo com a composição das carteiras e as estratégias adotadas:

1. **Renda fixa**: buscam retorno por meio das aplicações dos ativos em renda fixa, sendo classificados a partir do prazo médio dos ativos incluídos na carteira.
2. **Balanceados**: buscam retorno a longo prazo por meio do investimento dos diversos tipos de ativos, sejam relativos à renda fixa, sejam às ações, sejam ao câmbio.

3. **Multimercados**: recebem essa nomenclatura porque aplicam recursos em diversos tipos de ativos, considerando regras específicas de cada um.
4. **Ações**: precisam investir mais de 50% da carteira em ações e outros ativos.

O rendimento associado aos fundos de previdência se alterna conforme o tipo de estratégia adotada pelo gestor. Portanto, os investimentos envolvem níveis de riscos altos, que tendem a indicar que o melhor resultado será obtido a longo prazo, e todos esses aspectos dependem dos papéis que estão inseridos na carteira relativa aos fundos de previdência. O longo prazo, mais uma vez aqui é mencionado, pois essa é uma característica relativa à natureza dos fundos de previdência privada, já que uma de suas maiores vantagens se apresenta a longo prazo e se espera obter os resultados desses investimentos em 20, 30 ou mais anos.

6.5.1 Taxas dos planos de previdência

Os **custos** do investimento em previdência privada englobam duas taxas principais: a taxa de carregamento e a de administração.

Figura 6.5 – Custos da previdência privada

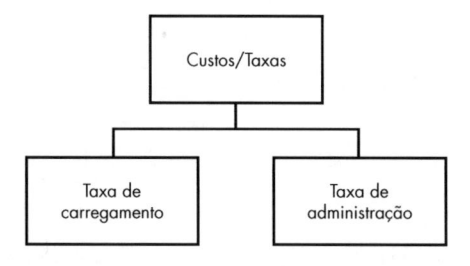

```
            ┌─────────────┐
            │ Custos/Taxas│
            └──────┬──────┘
         ┌────────┴────────┐
    ┌────┴─────┐      ┌────┴──────┐
    │  Taxa de │      │  Taxa de  │
    │carregamento│    │administração│
    └──────────┘      └───────────┘
```

A **taxa de administração** da previdência privada é um dos principais custos desse tipo de investimento. Em regra, é cobrada de maneira anual e em percentual, incidindo sobre o valor total aplicado no plano. Essa taxa é utilizada para cobrir despesas e custos do fundo, incluindo a remuneração dos gestores e a gestão do portfólio (Stumpf, 2019c).

Até aqui, abordamos vários aspectos da previdência privada, inclusive suas vantagens. É importante, agora, compreendermos que grande parte das relações é formada por interesses, portanto, dificilmente empresas forneceriam os planos de previdência se não houvesse uma contrapartida para essa oferta, principalmente no caso das EAPCs, que têm fins lucrativos. Nesse contexto, as taxas de administração são a forma de pagamento e de remuneração dos planos de previdência privada, sendo gerada em contrapartida à gestão de administração.

O valor da taxa de administração é de aproximadamente 2% ao ano. Contudo, esse percentual não é fixo, já que pode ser alterado de acordo com o tipo de aplicação com o qual o fundo trabalha, com seus modos de operação, com os valores mínimos de investimento, podendo chegar à 5% por ano (Stumpf, 2019c).

Embora essa taxa seja cobrada por praticamente todos os planos de previdência, existem exceções. Todavia, é difícil encontrar fundos com tal isenção de taxa e, nesses casos, sua atuação e seus precedentes devem ser bem analisados, a fim de evitar que outros custos sejam responsáveis por camuflar ou englobar esse valor. Então, os interessados pela previdência privada devem considerar a necessidade de realizar os pagamentos da taxa para usufruir dos benefícios tributários desses planos, tendo em vista as funções desempenhadas pelos gestores e as facilidades advindas da atuação desses profissionais/empresas.

Nesse sentido, pode ser interessante e, até mesmo, recomendado que, no momento da avaliação do plano a ser adquirido, o interessado destine parte de sua atenção para os percentuais da taxa de administração, pois, assim, pode adquirir aquele que se melhor se adéqua às suas necessidades e aos seus interesses. No entanto, ainda que esta seja a principal taxa, ela não é a única a ser cobrada nos planos de previdência complementar, por isso, a análise também deve atentar para as demais.

A **taxa de carregamento** incide sobre o valor de cada uma das contribuições feitas ao plano de previdência, ou seja, ao contrário da taxa de administração, não é calculada sobre o valor total (Stumpf, 2019c).

O valor dessa taxa muda muito de acordo com a empresa, seguradora ou banco que oferta o plano de previdência privada. O formato de cobrança também pode variar a depender dessas instituições. Assim, é possível que a cobrança seja realizada no instante em que a contribuição for efetuada ou que a taxa seja deduzida quando o dinheiro for resgatado.

Considerando a quantidade de planos de previdência e de demais investimentos no Brasil, é interessante que as instituições que fornecem esses planos se preocupem em cobrar um percentual cada vez mais baixo na taxa de carregamento, pois, desse modo, conseguirão chamar a atenção de uma quantidade maior de investidores. Isso porque essas taxas são, justamente, a maior diferença existente entre os planos de previdência e as demais aplicações, de modo que, se o custo for muito elevado, o investimento não vale a pena.

Stumpf (2019c) menciona também a **taxa de saída**, que funciona como uma espécie de taxa de carregamento, contudo, é cobrada na saída, quando o investimento é resgatado. Por esse motivo, os investidores precisam atentar para esses valores, para evitar que sejam abusivos.

Além disso, Stumpf (2019c) destaca a **taxa de *performance***, também chamada de **taxa de rentabilidade**, que é bem comum nos fundos de investimento e objetiva superar os índices de referências.

Exercício resolvido

As taxas cobradas nos planos de previdência privada são responsáveis por viabilizar a remuneração para empresas, bancos e seguradoras que oferecem esses serviços. Nesse sentido, algumas dessas taxas precisam ter seus percentuais observados e comparados antes da opção por algum plano específico. Diante disso, assinale a alternativa correta sobre as taxas da previdência privada:

a. A taxa de carregamento é a mais importante dos planos de previdência privada, sendo sempre fixada em um percentual de 2%.
b. A taxa de administração da previdência privada é cobrada de maneira anual e em percentual, incidindo sobre o valor total aplicado no plano.

c. A taxa de administração é cobrada no momento do resgate do investimento e raramente são abusivas.

d. A taxa de *performance*, também denominada *taxa de saída*, incide sobre o valor de cada uma das contribuições feitas ao plano de previdência.

Gabarito: b

Comentário: A alternativa *a* está incorreta, pois a taxa de carregamento não é a mais importante para os planos de previdência privada, papel que compete à taxa da administração, e seu percentual não é fixado em 2%. A alternativa *c* não está correta, porque a taxa cobrada no momento de resgate do investimento é a taxa de saída. Por fim, a alternativa *d* está errada, visto que mistura classificações e definições: a taxa de *performance* também pode ser denominada *taxa de rentabilidade*, ao passo que a taxa que incide sobre o valor de cada contribuição é a taxa de carregamento.

6.6 Entidades fiscalizadoras e regularizadoras

Em conformidade com a CF/1988, cabe ao Tribunal de Contas da União (TCU) fiscalizar o uso adequado do dinheiro público, de modo a evitar que o erário sofra qualquer tipo de prejuízo. As normas acerca do controle orçamentário e financeiro são analisadas pelo Poder Legislativo, de acordo com o art. 71 da CF/1988. Por sua vez, o art. 70 determina que:

> Art. 70. *A fiscalização contábil, financeira, orçamentária, operacional e patrimonial da União e das entidades da administração direta e indireta, quanto à legalidade, legitimidade, economicidade, aplicação das subvenções e renúncia de receitas, será exercida pelo Congresso Nacional, mediante controle externo, e pelo sistema de controle interno de cada Poder. (Brasil, 1988)*

Tendo como fundamento o apresentado nesse dispositivo, conforme indica Ribeiro (2018), o TCU decidiu, por meio do Acórdão n. 3.133, de 21 de novembro de 2012 (Brasil, 2012), confirmando o exposto no Acórdão n. 2.073, de 19 de agosto de 2015 (Brasil, 2015), que a fiscalização das contas das EFPCs era sua competência.

O que é?

A **Superintendência Nacional de Previdência Complementar** (Previc) é uma autarquia de natureza especial, dotada de autonomia administrativa e financeira, detentora de patrimônio próprio, vinculada ao Ministério da Economia e atuante em todo o território nacional. Esse órgão se responsabiliza pela fiscalização e pela supervisão das atividades das entidades fechadas de previdência complementar e da execução das políticas para o RPC por parte destas.

As competências da Previc são previstas pelo art. 2º do Decreto n. 8.992, de 20 de fevereiro de 2017:

> *Art. 2º Compete à Previc:*
>
> *I – proceder à fiscalização das atividades das entidades fechadas de previdência complementar e das suas operações;*
>
> *II – apurar e julgar as infrações e aplicar as penalidades cabíveis;*
>
> *III – expedir instruções e estabelecer procedimentos para a aplicação das normas relativas à sua área de competência, de acordo com as diretrizes do Conselho Nacional de Previdência Complementar, a que se refere o inciso XII do art. 29 da Lei n. 10.683, de 28 de maio de 2003;*
>
> *IV – autorizar:*
>
> *a) a constituição e o funcionamento das entidades fechadas de previdência complementar e a aplicação dos respectivos estatutos e dos regulamentos de planos de benefícios;*
>
> *b) as operações de fusão, cisão, incorporação ou qualquer outra forma de reorganização societária, relativas às entidades fechadas de previdência complementar;*
>
> *c) a celebração de convênios e termos de adesão por patrocinadores e instituidores e as retiradas de patrocinadores e instituidores; e*
>
> *d) as transferências de patrocínio, grupos de participantes e assistidos, planos de benefícios e reservas entre entidades fechadas de previdência complementar;*
>
> *V – harmonizar as atividades das entidades fechadas de previdência complementar com as normas e as políticas estabelecidas para o segmento;*

VI – decretar intervenção e liquidação extrajudicial das entidades fechadas de previdência complementar e nomear interventor ou liquidante, nos termos da lei;

VII – nomear administrador especial de plano de benefícios específico, podendo atribuir-lhe poderes de intervenção e liquidação extrajudicial, na forma da lei;

VIII – promover a mediação e a conciliação entre entidades fechadas de previdência complementar e entre as entidades e seus participantes, assistidos, patrocinadores ou instituidores, bem como dirimir os litígios que lhe forem submetidos na forma da Lei n. 9.307, de 23 de setembro de 1996;

IX – enviar relatório anual de suas atividades ao Ministério da Fazenda e, por seu intermédio, ao Presidente da República e ao Congresso Nacional; e

X – adotar as providências necessárias ao cumprimento de seus objetivos.

Parágrafo único. No exercício de suas competências administrativas, cabe ainda à Previc:

I – deliberar e adotar os procedimentos necessários, nos termos da lei, quanto à:

a) celebração, alteração ou extinção de seus contratos; e

b) nomeação e exoneração de servidores;

II – contratar obras ou serviços, de acordo com a legislação aplicável;

III – adquirir, administrar e alienar seus bens;

IV – submeter ao Ministro de Estado da Fazenda sua proposta de orçamento;

V – criar unidades regionais, observados os limites e as condições estabelecidos neste Decreto; e

VI – exercer outras atribuições decorrentes de lei ou de regulamento. (Brasil, 2017)

Por fim, considerando os aspectos gerais e específicos da previdência privada presente no Sistema Previdenciário Brasileiro, podemos afirmar que não existe um momento correto para começar a investir nesse campo. Contudo, o quanto antes esses investimentos forem realizados, melhores serão os resultados e o acúmulo de recursos para o futuro, já que o tempo é um fator importante quando o assunto é planejamento financeiro. Isso porque quanto mais cedo se iniciarem as contribuições, maior será o grau de influência nas possibilidades de alocação e de rentabilidade.

Estudo de caso

Introdução

O presente caso traz uma situação em que determinada pessoa, sem um amplo conhecimento sobre os investimentos, decide entrar nesse meio do mercado financeiro, mas ainda não sabe qual é o melhor caminho a seguir e como pode obter lucros, a longo ou a curto prazo. A situação deve ser analisada com base no contexto e nos conteúdos discutidos ao longo deste livro. O desafio é fazer você, leitor, pensar acerca dos fundos de investimento e do sistema previdenciário nacional.

Caso

Joana é uma jovem de 25 anos formada em Engenharia Civil, casada e pretende ter filhos no futuro. Ela e Augusto, seu esposo, têm uma renda mensal confortável, por meio da qual conseguem ter uma vida tranquila. Além disso, contam com uma pequena quantia mensal que desejam aumentar, mas não enxergam a poupança como o meio mais adequado para ampliar seus ativos.

Acompanhando as notícias na televisão e nas redes sociais que apresentam o mundo dos investimentos como algo cada vez mais acessível, o casal passou a ter interesse no tema e a ponderar os investimentos como uma opção viável para os ativos que pretendem multiplicar.

Contudo, Joana e Augusto não detêm conhecimentos sobre o mercado de investimentos, mas sabem que se trata de um cenário altamente volátil e marcado por inúmeros riscos, tal que, da mesma forma que podem ganhar uma quantia de dinheiro significativa investindo, podem perder seus ativos. Por conta disso, desejam arriscar seus ativos de forma consciente, optando por um tipo de investimento caracterizado por uma quantidade menor de riscos.

Embora o casal tenha interesse em aprender, pelo menos, o básico sobre os investimentos, nenhum dos dois deseja dedicar-se exclusivamente a isso. Esse aspecto aumenta ainda mais a incerteza de Joana e Augusto sobre o mercado de investimentos, já que os dois desejam continuar exercendo suas profissões e desfrutando de horários de lazer razoáveis para aproveitar momentos em família.

Diante disso, reflita sobre a situação de Joana e Augusto, analisando os fundos de investimento abordados neste livro. Em seguida, apresente a melhor opção de investimento para o casal, explicando os motivos que tornam o fundo escolhido o mais viável e rentável.

Resolução

É possível perceber que, embora Joana e Augusto tenham uma renda confortável para o atendimento de suas necessidades, a quantia que sobra mensalmente e que ambos desejam investir não é significativa. Além disso, fica bem claro que nenhum dos dois detêm conhecimentos médios ou avançados acerca dos investimentos, contudo entendem seus riscos.

Desse modo, entendemos que os fundos de investimento seriam uma boa opção para o casal, visto que estes são conhecidos por sua flexibilidade tanto no aporte – ou seja, do investimento em si – quanto nos resgates das aplicações financeiras. Considerando, ainda, que a quantia destinada ao investimento não é alta e que pode variar no decorrer dos meses, por conta de eventuais imprevistos, pois é retirada do salário do casal, reforçamos a indicação dos fundos de investimentos como uma opção viável, uma vez que tanto as aplicações quanto os resgates podem ser nos valores exatos que o investidor precisar ou desejar.

Os fundos de investimento apresentam uma série de vantagens que os tornam atrativos, especialmente porque não é necessário investir uma quantia alta em dinheiro para garantir uma boa diversificação dos ativos.

Outro motivo que justifica a escolha por esse tipo de investimento é o fato de que esses fundos são administrados e geridos por empresas e profissionais qualificados. Assim, seria necessário que Joana e Augusto apenas tivessem um conhecimento básico sobre o mercado de investimentos, já que as escolhas e as decisões mais difíceis seriam tomadas pelos gestores dos fundos. Dessa forma, ambos poderiam continuar desempenhado suas funções profissionais de forma tranquila, pois não precisariam passar horas avaliando qual é o melhor momento de vender ou comprar as ações, por exemplo.

Ainda que os fundos de investimento apresentem inúmeras vantagens, é importante que Joana e Augusto também tenham conhecimento sobre suas desvantagens. Isso porque, embora sua gestão seja realizada por empresas e profissionais capacitados, os riscos ainda continuam existindo, mesmo que dirimidos de forma expressiva.

Outra opção que poderia ser viável para o casal, mas cujos rendimentos e resultados são colhidos a longo prazo, consistiria em planos de previdência privada, que funcionam como uma aposentadoria complementar, embora possam ser recolhidos antes desse momento – contudo, nesta última hipótese, os ganhos tornam-se bem menores.

Dicas

Alguns materiais podem auxiliar na resolução de casos como o de Joana, orientando a escolha de investimentos de acordo com o perfil de cada investidor. Listamos, a seguir, algumas sugestões:

BLOOMFIELD, N. Porque investir em fundos de investimento é uma boa para você. **Confiança planejamento financeiro**. Disponível em: <https://confiancaplanejamento.com/blog/33-porque-investir-em-fundos-de-investimento-e-uma-boa-para-voce>. Acesso em: 7 jul. 2021.

Muitos são os motivos que estimulam as pessoas a optar pelos fundos de investimento como forma de obter lucros e vantagens financeiras. Diante disso, recomendamos a leitura desse texto de Nathaniel Bloomfield para ampliar suas capacidades argumentativas sobre o tema.

RIBEIRO, W. **Fundos de investimento**: tudo que você precisa saber antes de investir. Disponível em: <https://www.youtube.com/watch?v=mWyr6AWtAsU>. Acesso em: 7 jul. 2021.

Nesse vídeo, William Ribeiro apresenta os melhores fundos de investimento para pessoas interessadas em multiplicar seu dinheiro, deixando claro quais são os critérios usados para a escolha do investimento ideal para cada perfil.

BTG PACTUAL DIGITAL. **Fundos de investimento**: saiba tudo com Gustavo Cerbasi. Disponível em: <https://www.youtube.com/watch?v=KeBKELU8g3M>. Acesso em: 7 jul. 2021.

Os fundos de investimento reúnem um conjunto significativo de vantagens, mas não deixam de apresentar riscos. Nesse vídeo, Gustavo Cerbasi, conhecido investidor brasileiro, apresenta os principais tipos de fundos de investimento, discutindo suas vantagens e seus riscos.

Síntese

- A previdência privada é dotada de caráter complementar e é facultativa.
- A previdência complementar não visa substituir a previdência social básica, e sim complementá-la.
- A previdência privada divide-se em aberta e fechada.
- Os planos de previdência complementar abertos dividem-se em VGBL e PGBL, cuja distinção reside na incidência do IR.
- A Lei Complementar n. 109/2001 dispõe acerca do RPC.
- A principal taxa relativa aos planos de previdência privada é a taxa de administração.
- A Previc atua em todo o território nacional e é responsável por fiscalizar e supervisionar as atividades das EFPCs.

considerações finais

Nesta obra, inicialmente, conceituamos os investimentos, bem como apresentamos os aspectos mais gerais dos fundos de investimento, como sua origem, sua definição e suas características. Também abordamos questões acerca da Comissão de Valores Mobiliários (CVM) e uma de suas principais regulamentações, a Instrução n. 555, de 17 de dezembro de 2014.

Em seguida, discutimos de forma mais aprofundada os fundos de investimentos, destacando tanto suas vantagens quanto suas desvantagens. Os fundos de investimento dividem-se em algumas tipificações, assim, abordamos as definições e principais características dos fundos de renda fixa, dos fundos de ações, dos fundos de multimercado e, até mesmo, dos fundos estruturados, que fogem do padrão dos demais.

Ainda analisamos quem são os administradores e os gestores dos fundos de investimento, discutindo suas respectivas responsabilidades e obrigações. Na sequência, apresentamos os pré-requisitos da administração dos fundos de investimento e os problemas vinculados à sua gestão.

Também voltamos nossa atenção para o sistema previdenciário. Nesse contexto, examinamos os fundos de pensão e seu funcionamento, para que pudéssemos compreender os riscos atrelados a esses investimentos. Além disso, detalhamos os principais fundos dessa natureza existentes no sistema nacional.

Dando continuidade ao conteúdo, evidenciamos que a seguridade social é formada pela assistência social, pela saúde e pela previdência social. Apresentamos as especificidades do Sistema Previdenciário Brasileiro, analisando sua história, seu contexto atual e seu futuro. Tratamos, ainda, das principais legislações que regem a previdência social no ordenamento jurídico nacional, sem deixar de lado os pontos fundamentais da reforma da previdência, que entrou em vigor em 2019 e resultou na Nova Previdência.

Por fim, abordamos a previdência privada, ou complementar, discutindo os tipos de plano existentes na previdência aberta e os regimes de tributação associados a estes.

Assim, ao longo deste estudo, foi possível concluir que a gestão de fundos e a previdência estão presentes em nosso cotidiano de diversas formas e impactam, direta ou indiretamente, nossas vidas, mesmo que, muitas vezes, não tenhamos conhecimentos específicos sobre o tema.

lista de siglas

Abrapp	Associação Brasileira das Entidades Fechadas de Previdência Complementar
ADTC	Ato das Disposições Constitucionais Transitórias
Anbid	Associação Nacional dos Bancos de Investimento
Anbima	Associação Brasileira de Entidades dos Mercados Financeiros e de Capitais
BC	Banco Central do Brasil
CCJ	Comissão de Constituição, Justiça e Cidadania
CDI	Certificado de Depósito Interbancário
CF	Constituição Federal
CGPC	Conselho de Gestão da Previdência Complementar
CLT	Consolidação das Leis do Trabalho
CMN	Conselho Monetário Nacional
CNPC	Conselho Nacional de Previdência Complementar
CNPJ	Cadastro Nacional da Pessoa Jurídica
CPF	Cadastro de Pessoa Física
CVM	Comissão de Valores Mobiliários

EAPC	Entidade Aberta de Previdência Complementar
EFPC	Entidade Fechada de Previdência Complementar
FGTS	Fundo de Garantia por Tempo de Serviço
FHC	Fernando Henrique Cardoso
FIDC	Fundos de investimento em direitos creditórios
FII	Fundo de investimento imobiliário
FMI	Fundo Monetário Internacional
Funcef	Fundação dos Economiários Federais
IBGC	Instituto Brasileiro de Governança Corporativa
IBGE	Instituto Brasileiro de Geografia e Estatística
INPS	Instituto Nacional de Previdência Social
INSS	Instituto Nacional de Seguridade Social
IOF	Imposto sobre Operações Financeiras
IPCA	Índice de Preços ao Consumidor Amplo
IR	Imposto de Renda
Loas	Lei Orgânica da Assistência Social
Petros	Fundação Petrobras de Seguridade Social
PGBL	Plano Gerador de Benefício Livre
Postalis	Instituto de Seguridade Social dos Correios e Telégrafos
Previ	Caixa de Previdência dos Funcionários do Banco do Brasil
Previc	Superintendência Nacional de Previdência Complementar
Prodin	Programa de Orientação e Defesa do Investidor
RGPS	Regime Geral de Previdência Social
RPC	Regime de Previdência Complementar
RPPS	Regime Próprio de Previdência Social
SPC	Secretaria de Previdência Complementar
SUS	Sistema Único de Saúde
Susep	Superintendência de Seguros Privados
VGBL	Vida Gerador de Benefício Livre

referências

ADMINISTRADOR: saiba o que é e o que faz. **Mais Retorno**, 11 set. 2019. Disponível: <https://maisretorno.com/portal/termos/a/administrador>. Acesso em: 7 jul. 2021.

ARAÚJO, T. F. F.; ANGOTI, L. R. M. Governança e gestão em fundos de pensão: as melhores práticas a serem implantadas. **Revista Jus Navigandi**, Teresina, ano 24, n. 5.843, 1 jul. 2019. Disponível em: <https://jus.com.br/artigos/73947>. Acesso em: 7 jul. 2021.

ARRUDA, L. O. F. de. A responsabilidade civil e os deveres do administrador de fundo de investimentos. **Jus Navigandi**, mar. 2015. Disponível em: <https://jus.com.br/artigos/37622/a-responsabilidade-civil-e-os-deveres-do-administrador-de-fundo-de-investimentos>. Acesso em: 7 jul. 2021.

AYRES, J. O que são fundos de pensão, como eles funcionam e quem pode aderir. **Blog Magnetis**, 7 dez. 2019. Disponível em: <https://blog.magnetis.com.br/fundos-de-pensao/>. Acesso em: 7 jul. 2021.

BARROS, C. O papel do administrador. **Administradores.com**, 27 nov. 2012. Disponível em: <https://administradores.com.br/artigos/o-papel-do-administrador>. Acesso em: 7 jul. 2021.

BASSOTTO, L. O que é investimento? **Cointimes**, 2018. Disponível em: <https://cointimes.com.br/o-que-e-investimento/>. Acesso em: 7 jul. 2020.

BELTRÃO, K. I. et al. **Análise da estrutura da previdência privada brasileira**: evolução do aparato legal. Rio de Janeiro, set. 2004. Texto para discussão n. 1.043. Disponível em: <http://repositorio.ipea.gov.br/bitstream/11058/2205/1/TD_1043.pdf>. Acesso em: 7 jul. 2021.

BRASIL. Constituição (1824). **Coleção de Leis do Império do Brasil**, Rio de Janeiro, 22 abr. 1824. Disponível em: <http://www.planalto.gov.br/ccivil_03/constituicao/constituicao24.htm>. Acesso em: 7 jul. 2021.

BRASIL. Constituição (1934). **Diário Oficial da União**, Rio de Janeiro, 16 jul. 1934. Disponível em: <http://www.planalto.gov.br/ccivil_03/constituicao/constituicao34.htm>. Acesso em: 7 jul. 2021.

BRASIL. Constituição (1937). **Diário Oficial da União**, Rio de Janeiro, 10 nov. 1937. Disponível em: <http://www.planalto.gov.br/ccivil_03/constituicao/constituicao37.htm>. Acesso em: 7 jul. 2021.

BRASIL. Constituição (1946). **Diário Oficial da União**, Rio de Janeiro, 18 set. 1946. Disponível em: <http://www.planalto.gov.br/ccivil_03/constituicao/constituicao46.htm>. Acesso em: 7 jul. 2021.

BRASIL. Constituição (1988). **Diário Oficial da União**, Brasília, 5 out. 1988. Disponível em: <http://www.planalto.gov.br/ccivil_03/constituicao/constituicao.htm>. Acesso em: 7 jul. 2021.

BRASIL. Constituição (1988). Emenda Constitucional n. 20, de 15 de dezembro de 1998. **Diário Oficial da União**, Poder Legislativo, Brasília, 16 dez. 1998. Disponível em: <http://www.planalto.gov.br/ccivil_03/constituicao/emendas/emc/emc20.htm>. Acesso em: 7 jul. 2021.

BRASIL. Constituição (1988). Emenda Constitucional n. 103, de 12 de novembro de 2019. **Diário Oficial da União**, Poder Legislativo, Brasília, 13 nov. 2019. Disponível em: <http://www.planalto.gov.br/ccivil_03/constituicao/emendas/emc/emc103.htm>. Acesso em: 7 jul. 2021.

BRASIL. Decreto n. 4.682, de 24 de janeiro de 1923. **Coleção Anual de Leis do Brasil**, Poder Executivo, Rio de Janeiro, 1923. Disponível em: <http://www.planalto.gov.br/ccivil_03/decreto/historicos/dpl/DPL4682-1923.htm>. Acesso em: 7 jul. 2021.

BRASIL. Decreto n. 8.992, de 20 de fevereiro de 2017. **Diário Oficial da União**, Poder Executivo, Brasília, 21 fev. 2017. Disponível em: <http://www.planalto.gov.br/ccivil_03/_ato2015-2018/2017/decreto/D8992.htm>. Acesso em: 7 jul. 2021.

BRASIL. Decreto n. 81.240, de 20 de janeiro de 1978. **Diário Oficial da União**, Poder Executivo, Brasília, 24 jan. 1978a. Disponível em: <http://www.planalto.gov.br/CCIVil_03/decreto/Antigos/D81240.htm>. Acesso em: 7 jul. 2021.

BRASIL. Decreto n. 81.402, de 23 de fevereiro de 1978. **Diário Oficial da União**, Poder Executivo, Brasília, 24 fev. 1978b. Disponível em: <https://www2.camara.leg.br/legin/fed/decret/1970-1979/decreto-81402-23-fevereiro-1978-430423-publicacaooriginal-1-pe.html>. Acesso em: 7 jul. 2021.

BRASIL. Lei Complementar n. 108, de 29 de maio de 2001. **Diário Oficial da União**, Poder Legislativo, Brasília, 30 maio 2001a. Disponível em: <http://www.planalto.gov.br/ccivil_03/Leis/LCP/Lcp108.htm>. Acesso em: 7 jul. 2021.

BRASIL. Lei Complementar n. 109, de 29 de maio de 2001. **Diário Oficial da União**, Poder Legislativo, Brasília, 30 maio 2001b. Disponível em: <http://www.planalto.gov.br/ccivil_03/leis/lcp/lcp109.htm>. Acesso em: 7 jul. 2021.

BRASIL. Lei n. 3.807, de 26 de agosto de 1960. **Diário Oficial da União**, Poder Legislativo, Brasília, 5 set. 1960. Disponível em: <https://www.planalto.gov.br/ccivil_03/leis/1950-1969/l3807.htm>. Acesso em: 7 jul. 2021.

BRASIL. Lei n. 6.385, de 7 de dezembro de 1976. **Diário Oficial da União**, Poder Legislativo, Brasília, 9 dez. 1976a. Disponível em: <http://www.planalto.gov.br/ccivil_03/leis/l6385.htm>. Acesso em: 7 jul. 2021.

BRASIL. Lei n. 6.404, de 15 de dezembro de 1976. **Diário Oficial da União**, Poder Legislativo, Brasília, 17 dez. 1976b. Disponível em: <http://www.planalto.gov.br/ccivil_03/leis/l6404compilada.htm>. Acesso em: 7 jul. 2021.

BRASIL. Lei n. 6.435, de 15 de julho de 1977. **Diário Oficial da União**, Poder Legislativo, Brasília, 20 jul. 1977a. Disponível em: <https://www.planalto.gov.br/ccivil_03/leis/l6435.htm>. Acesso em: 7 jul. 2021.

BRASIL. Lei n. 6.462, de 9 de novembro de 1977. **Diário Oficial da União**, Poder Legislativo, Brasília, 10 nov. 1977b. Disponível em: <http://www.planalto.gov.br/ccivil_03/Leis/L6462.htm>. Acesso em: 7 jul. 2021.

BRASIL. Lei n. 8.080, de 19 de setembro de 1990. **Diário Oficial da União**, Poder Legislativo, Brasília, 19 set. 1990. Disponível em: <http://www.planalto.gov.br/ccivil_03/leis/l8080.htm>. Acesso em: 7 jul. 2021.

BRASIL. Lei n. 8.212, de 24 de julho de 1991. **Diário Oficial da União**, Poder Legislativo, Brasília, 25 jul. 1991a. Disponível em: < http://www.planalto.gov.br/ccivil_03/leis/l8212cons.htm>. Acesso em: 7 jul. 2021.

BRASIL. Lei n. 8.213, de 24 de julho de 1991. **Diário Oficial da União**, Poder Legislativo, Brasília, 25 jul. 1991b. Disponível em: <http://www.planalto.gov.br/ccivil_03/leis/l8213cons.htm>. Acesso em: 7 jul. 2021.

BRASIL. Lei n. 8.742, de 7 de dezembro de 1993. **Diário Oficial da União**, Poder Legislativo, Brasília, 8 dez. 1993. Disponível em: <http://www.planalto.gov.br/ccivil_03/leis/l8742.htm>. Acesso em: 7 jul. 2021.

BRASIL. Lei n. 10.303, de 31 de outubro de 2001. **Diário Oficial da União**, Poder Legislativo, Brasília, 1 nov. 2001c. Disponível em: <http://www.planalto.gov.br/ccivil_03/leis/leis_2001/l10303.htm>. Acesso em: 7 jul. 2021.

BRASIL. Lei n. 10.406, de 10 de janeiro de 2002. **Diário Oficial da União**, Poder Legislativo, Brasília, 11 jan. 2002. Disponível em: <http://www.planalto.gov.br/ccivil_03/leis/2002/l10406compilada.htm>. Acesso em: 7 jul. 2021.

BRASIL. Lei n. 11.053, de 29 de dezembro de 2004. **Diário Oficial da União**, Poder Legislativo, Brasília, 30 dez. 2004. Disponível em: <http://www.planalto.gov.br/ccivil_03/_ato2004-2006/2004/lei/l11053.htm>. Acesso em: 7 jul. 2021.

BRASIL. Banco Central do Brasil. Conselho Monetário Nacional. **Resolução n. 2.099, de 17 de agosto de 1994**. Brasília, 17 ago. 1994. Disponível em: <https://www.bcb.gov.br/pre/normativos/res/1994/pdf/res_2099_v1_O.pdf>. Acesso em: 7 jul. 2021.

BRASIL. Ministério da Fazenda. Portaria n. 327, de 11 de julho de 1977. **Diário Oficial da União**, Poder Executivo, Brasília, 12 jul. 1977c. Disponível em: <http://www.cvm.gov.br/export/sites/cvm/legislacao/leis-decretos/anexos/PortariaMF-327-77-regimento-da-cvm.pdf>. Acesso em: 7 jul. 2021.

BRASIL. Tribunal de Contas da União. Acórdão n. 2.073, de 19 de agosto de 2015. **Plenário**. Relator: Ministro Vital do Rêgo. Brasília, 19 ago. 2015. Disponível em: <https://pesquisa.apps.tcu.gov.br/#/redireciona/acordao-completo/%22ACORDAO-COMPLETO-1494411%22>. Acesso em: 7 jul. 2021.

BRASIL. Tribunal de Contas da União. Acórdão n. 3.133, de 21 de novembro de 2012. **Plenário**. Relator: Ministro Augusto Nardes. Brasília, 21 nov. 2012. Disponível em: <https://pesquisa.apps.tcu.gov.br/#/redireciona/acordao-completo/%22ACORDAO-COMPLETO-1254906%22>. Acesso em: 7 jul. 2021.

BRAZÃO, I. Fundo de pensão e plano de previdência complementar: qual é a diferença entre eles? **Blog Icatu Seguros**. Disponível em: <https://blog.icatuseguros.com.br/previdencia-privada/fundo-de-pensao-e-plano-de-previdencia-complementar/>. Acesso em: 7 jul. 2021.

CAMPAGNARO, R. Como criar um fundo de investimento. **FIIs**. Disponível em: <https://fiis.com.br/artigos/como-criar-fundo-de-investimento/>. Acesso em: 7 jul. 2021.

CAMPANI, C. H. Planos de previdência PGBL e VGBL: tabela progressiva ou regressiva?. **Valor Investe**, 3 mar. 2021. Disponível em: <https://valorinveste.globo.com/blogs/carlos-heitor-campani/coluna/planos-de-previdencia-pgbl-e-vgbl-tabela-progressiva-ou-regressiva.ghtml>. Acesso em: 7 jul. 2021.

CARLOS, E. Aspectos gerais da administração: organizações como sistemas abertos. **Matérias para Concursos**, 4 jul. 2019. Disponível em: <https://materiasparaconcursos.com.br/2019/07/04/aspectos-gerais-da-administracao-organizacoes-como-sistemas-abertos/>. Acesso em 7 jul. 2021.

CARVALHO, M. M. C. O sistema da previdência social no Brasil e no mundo. **Âmbito Jurídico**, 1º set. 2017. Disponível em: <https://ambitojuridico.com.br/cadernos/direito-previdenciario/o-sistema-da-previdencia-social-no-brasil-e-no-mundo/> Acesso em: 7 jul. 2021.

CERBASI, G. Poupar dinheiro: quando devemos começar? **Gustavo Cerbasi**, 6 ago. 2018. Disponível em: <https://www.gustavocerbasi.com.br/blog/poupar-dinheiro/>. Acesso em: 7 jul. 2021.

CHIAVENATO, I. **Introdução à teoria geral da administração**. 9. ed. São Paulo: Manole, 2014.

COSTA, M. Origem dos fundos de investimento. **Investindo em vc.**, 12 jun. 2011. Disponível em: <http://mercadodecapitaismcosta.blogspot.com/2011/06/origem-dos-fundos-de-investimento.html>. Acesso em: 7 jul. 2021.

CVM – Comissão de Valores Mobiliários. Disponível em: <https://www.gov.br/cvm/pt-br>. Acesso em: 7 jul. 2021.

CVM – Comissão de Valores Mobiliários. **Instrução CVM n. 306, de 5 de maio de 1999**. Comissão de Valores Mobiliários, Rio de Janeiro, 5 maio 1999. Disponível em: <http://conteudo.cvm.gov.br/export/sites/cvm/legislacao/instrucoes/anexos/300/inst306consolid.pdf>. Acesso em: 7 jul. 2021.

CVM – Comissão de Valores Mobiliários. **Instrução CVM n. 356, de 17 de dezembro de 2001**. Comissão de Valores Mobiliários, Rio de Janeiro, 17 dez. 2001. Disponível em: <http://conteudo.cvm.gov.br/export/sites/cvm/legislacao/instrucoes/anexos/300/inst356consolid.pdf>. Acesso em: 7 jul. 2021.

CVM – Comissão de Valores Mobiliários. **Instrução CVM n. 398, de 28 de outubro de 2003**. Comissão de Valores Mobiliários, Rio de Janeiro, 28 out. 2003. Disponível em:

<http://conteudo.cvm.gov.br/export/sites/cvm/legislacao/instrucoes/anexos/300/inst398consolid.pdf>. Acesso em: 7 jul. 2021.

CVM – Comissão de Valores Mobiliários. **Instrução CVM n. 409, de 18 de agosto de 2004**. Comissão de Valores Mobiliários, Rio de Janeiro, 18 ago. 2004. Disponível em: <http://conteudo.cvm.gov.br/export/sites/cvm/legislacao/instrucoes/anexos/400/inst409consolid.pdf>. Acesso em: 7 jul. 2021.

CVM – Comissão de Valores Mobiliários. **Instrução CVM n. 444, de 8 de dezembro de 2006**. Comissão de Valores Mobiliários, Rio de Janeiro, 8 dez. 2006. Disponível em: <http://conteudo.cvm.gov.br/export/sites/cvm/legislacao/instrucoes/anexos/400/inst444consolid.pdf>. Acesso em: 7 jul. 2021.

CVM – Comissão de Valores Mobiliários. **Instrução CVM n. 472, de 31 de outubro de 2008**. Comissão de Valores Mobiliários, Rio de Janeiro, 31 out. 2008. Disponível em: <http://conteudo.cvm.gov.br/export/sites/cvm/legislacao/instrucoes/anexos/400/inst472consolid.pdf>. Acesso em: 7 jul. 2021.

CVM – Comissão de Valores Mobiliários. **Instrução CVM n. 555, de 17 de dezembro de 2014**. Comissão de Valores Mobiliários, Rio de Janeiro, 17 dez. 2014. Disponível em: <http://www.cvm.gov.br/export/sites/cvm/legislacao/instrucoes/anexos/500/inst555.pdf>. Acesso em: 7 jul. 2021.

CVM – Comissão de Valores Mobiliários. **Instrução CVM n. 558, de 26 de março de 2015**. Comissão de Valores Mobiliários, Rio de Janeiro, 26 mar. 2015. Disponível em: <http://conteudo.cvm.gov.br/export/sites/cvm/legislacao/instrucoes/anexos/500/inst558consolid.pdf>. Acesso em: 7 jul. 2021.

CVM – Comissão de Valores Mobiliários. **Instrução CVM n. 578, de 30 de agosto de 2016**. Comissão de Valores Mobiliários, Rio de Janeiro, 30 ago. 2016a. Disponível em: <http://conteudo.cvm.gov.br/export/sites/cvm/legislacao/instrucoes/anexos/500/inst578consolid.pdf>. Acesso em: 7 jul. 2021.

CVM – Comissão de Valores Mobiliários. **Instrução CVM n. 579, de 30 de agosto de 2016**. Comissão de Valores Mobiliários, Rio de Janeiro, 30 ago. 2016b. Disponível em: <http://conteudo.cvm.gov.br/export/sites/cvm/legislacao/instrucoes/anexos/500/inst579.pdf>. Acesso em: 7 jul. 2021.

D'AGOSTO, M. Como as normas Instrução CVM 555 e 558 asseguram o compliance na gestão de investimentos? **Blog BRITech**, 28 jun. 2019. Disponível em: <https://blog.britech.global/como-as-normas-instrucao-cvm-555-e-558-asseguram-o-compliance-na-gestao-de-investimentos>. Acesso em: 7 jul. 2021.

DIVERSIFICADO. In: **Dicio**: Dicionário Online de Português. Disponível em: <https://www.dicio.com.br/diversificado/>. Acesso em: 7 jul. 2021.

DUBARD, C. Você sabe quem é quem na estrutura de fundos de investimento? **Magnetis**, 24 jan. 2018. Disponível em: <https://blog.magnetis.com.br/estrutura-de-fundos-de-investimento/>. Acesso em: 7 jul. 2021.

FAYOL, H. **Administração geral e industrial**. São Paulo: Atlas, 2003.

FERREIRA, K. Triple Bottom Line (Tripé da Sustentabilidade): como unir planeta, pessoas e lucro na gestão empresarial. **Rock Content**, 26 fev. 2019. Disponível em: <https://rockcontent.com/br/blog/triple-bottom-line/>. Acesso em: 7 jul. 2021.

FERREIRA, R. G. Investir em ações ou fundo de ações? Qual é a melhor alternativa? Entenda as vantagens e desvantagens de cada opção. **Clube do Valor**, 23 nov. 2020. Disponível em: <https://clubedovalor.com.br/blog/investir-em-acoes-ou-fundo-de-acoes/>. Acesso em: 7 jul. 2021.

FONSECA, N. F. et al. Análise do desempenho recente de fundos de investimento no Brasil. **Contabilidade Vista e Revista**, v. 18, n. 1, p. 95-116, jan./mar. 2007. Disponível em: <https://revistas.face.ufmg.br/index.php/contabilidadevistaerevista/article/view/321>. Acesso em: 7 jul. 2021.

FONTENELE, D. IR, IOF, come-cotas, compensação – como funciona a tributação em fundos. **XP Expert**, 31 maio 2020. Disponível: <https://conteudos.xpi.com.br/fundos-de-investimento/relatorios/ir-iof-come-cotas-compensacao-como-funciona-a-tributacao-em-fundos/>. Acesso em: 7 jul. 2021.

FUNDOS de investimento renda fixa. **Portal do Investidor**. Disponível em: <https://www.investidor.gov.br/menu/Menu_Investidor/fundos_investimentos/rendafixa.html>. Acesso em: 7 jul. 2021.

GARCIA, H. 10 vantagens e desvantagens dos fundos de investimento. **Rankia**, 11 set. 2020. Disponível em: <https://www.rankia.pt/fundos-de-investimento/10-vantagens-e-desvantagens-dos-fundos-de-investimento/>. Acesso em: 7 jul. 2021.

IBGC – Instituto Brasileiro de Governança Corporativa. **Código das Melhores Práticas de Governança Corporativa**. 5. ed. São Paulo: IBGC, 2015.

IRPF (Imposto sobre a renda das pessoas físicas). **Receita Federal**, 10 jul. 2015. Disponível em: <https://www.gov.br/receitafederal/pt-br/assuntos/orientacao-tributaria/tributos/irpf-imposto-de-renda-pessoa-fisica>. Acesso em: 7 jul. 2021.

MALLMANN, T. Fundos de renda fixa: o que são e como funcionam? **App Investe**, 9 set. 2020. Disponível em: < https://appinveste.com.br/fundo-de-renda-fixa-investir/>. Acesso em: 7 jul. 2021.

MARQUES, G. Qual a diferença entre lei ordinária e lei complementar? **Jusbrasil**, 23 abr. 2013. Disponível em: <https://gabrielmarques.jusbrasil.com.br/artigos/111572050/qual-a-diferenca-entre-lei-ordinaria-e-lei-complementar>. Acesso em: 7 jul. 2021.

MASSADAR, R. O que falta para você ser um bom investidor. **FinanceOne**, 9 out. 2018. Disponível em: https://financeone.com.br/para-ser-um-bom-investidor/. Acesso em: 7 jul. 2021.

MELO, L. Sistema de seguridade social: como funciona? **Politize!**, 5 fev. 2020. Disponível em: <https://www.politize.com.br/sistema-de-seguridade-social/>. Acesso em: 7 jul. 2021.

NEVES, R. B. da S. Fundos de investimentos no Brasil. **Migalhas**, 23 maio 2019. Disponível em: <https://www.migalhas.com.br/depeso/302858/fundos-de-investimentos-no-brasil>. Acesso em: 7 jul. 2021.

PENSÃO. In: **Dicio**: Dicionário Online de Português. Disponível em: <https://www.dicio.com.br/pensao/>. Acesso em: 7 jul. 2021.

PETERS, B. G. O que é governança? **Revista do TCU**, n. 127, p. 28-33, maio/ago. 2013. Disponível em: <https://revista.tcu.gov.br/ojs/index.php/RTCU/article/view/87>. Acesso em: 7 jul. 2021.

PINHEIRO, R. P.; PAIXÃO, L. A.; CHEDEAK, J. C. S. Regulação dos investimentos nos fundos de pensão: evolução histórica, tendências recentes e desafios regulatórios. **Revista de Previdência**, Rio de Janeiro, n. 3, p. 35-53, out. 2005.

PONTUAL, H. D. Fundos de pensão. **Senado Notícias**. Disponível em: <https://www12.senado.leg.br/noticias/entenda-o-assunto/fundos-de-pensao>. Acesso em: 7 jul. 2021.

PREVIC – Superintendência Nacional de Previdência Complementar. **Guia Previc**: melhores práticas de governança para entidades de previdência complementar. Brasília: Previc, 2012. Disponível em: <https://www.gov.br/economia/pt-br/orgaos/entidades-vinculadas/autarquias/previc/centrais-de-conteudo/publicacoes/guias-de-melhores-praticas/melhores-praticas-de-governanca.pdf/>. Acesso em: 7 jul. 2021.

PREVIC – Superintendência Nacional de Previdência Complementar. **Guia Previc**: melhores práticas em fundos de pensão. Brasília: Previc, 2010. Disponível em: <https://www.gov.br/economia/pt-br/orgaos/entidades-vinculadas/autarquias/previc/centrais-de-conteudo/publicacoes/guias-de-melhores-praticas/melhores-praticas-em-fundos-de-pensao.pdf>. Acesso em: 7 jul. 2021.

PREVIC – Superintendência Nacional de Previdência Complementar. **Relato Integrado 2018**. Brasília: Previc, 2018. Disponível em: <http://www.ancep.org.br/wp/wp-content/uploads/2019/04/relato-integrado-2018-previc-02-04.pdf>. Acesso em: 7 jul. 2021.

REIS, T. Fundos de Investimento. **Suno Artigos**, 21 jun. 2017. Disponível em: <https://www.sunoresearch.com.br/artigos/fundos-de-investimentos/>. Acesso em: 7 jul. 2021.

REPUTAÇÃO ilibada é a qualidade da pessoa íntegra, define CCJ. **Senado Notícias**, 29 set. 1999. Disponível em: <https://www12.senado.leg.br/noticias/materias/1999/09/29/reputacao-ilibada-e-a-qualidade-da-pessoa-integra-define-ccj>. Acesso em: 7 jul. 2021.

RIBEIRO, T. J. S. A fiscalização das entidades fechadas de previdência complementar pelo TCU: interpretação do Acórdão n. 3.133/2012. **Revista Jus Navigandi**, Teresina, ano 23, n. 5.637, ago. 2018. Disponível em: <https://jus.com.br/artigos/68180/a-fiscalizacao-das-entidades-fechadas-de-previdencia-complementar-pelo-tcu>. Acesso em: 7 jul. 2021.

RIECHE, F. C. Gestão de riscos em fundos de pensão no Brasil: situação atual da legislação e perspectivas. **Revista do BNDES**, Rio de Janeiro, v. 12, n. 23, p. 219-242, jun. 2005. Disponível em: <https://web.bndes.gov.br/bib/jspui/handle/1408/8194?&locale=es>. Acesso em: 7 jul. 2021.

SANTOS JÚNIOR, S. A. dos. Previdência social: breve histórico no cenário mundial e sua estrutura e funcionamento no Brasil. **Revista Jus Navigandi**, Teresina, ano 22, n. 5.264, jul. 2017. Disponível em: <https://jus.com.br/artigos/59126>. Acesso em: 7 jul. 2021.

SEABRA, R. O que é investir? **Quero Ficar Rico**. Disponível em: <https://querofi carrico.com/blog/o-que-e-investir/>. Acesso em: 7 jul. 2021.

SOARES, M. **Noções de administração para agente censitário do IBGE (ACM e ACS)**. Brasília: Direção Concursos, 2020. Disponível em: <https://free-content.direcaoconcursos.com.br/demo/curso-7098.pdf>. Acesso em: 7 jul. 2021.

STUMPF, K. Administrar fundo de investimentos: conceito e pré-requisito. **TopInvest**, 7 nov. 2019a. Disponível em: <https://www.topinvest.com.br/administrar-fundo-de-investimentos/>. Acesso em: 7 jul. 2021.

STUMPF, K. O que é vedado ao administrador ou gestor do fundo. **TopInvest**, 7 nov. 2019b. Disponível em: <https://www.topinvest.com.br/o-que-e-vedado-ao-administrador-ou-gestor-do-fundo/>. Acesso em: 7 jul. 2021.

STUMPF, K. Taxas cobradas na previdência privada. **TopInvest**, 7 nov. 2019c. Disponível em: <https://www.topinvest.com.br/taxas-cobradas-na-previdencia-privada/>. Acesso em: 7 jul. 2021.

TOALDO, A. M; DUTRA, C. R. Breves apontamentos sobre a seguridade social e a previdência social no contexto brasileiro. **Âmbito Jurídico**, 12 jul. 2012. Disponível em: <https://ambitojuridico.com.br/cadernos/direito-previdenciario/breves-apontamentos-sobre-a-seguridade-social-e-a-previdencia-social-no-contexto-brasileiro/>. Acesso em: 7 jul. 2021.

TRISOTTO, F. Petrobras, BB, Correios, Caixa: a situação dos maiores fundos de pensão do país. **Gazeta do Povo**, 16 fev. 2020. Disponível em: <https://www.gazetadopovo.com.br/republica/fundos-de-pensao-petrobras-bb-correios-caixa-a-situacao/>. Acesso em: 7 jul. 2021.

VANTAGEM. In: **Dicio**: Dicionário Online de Português. Disponível em: <https://www.dicio.com.br/vantagem/>. Acesso em: 7 jul. 2021.

VASCONCELOS, J. P. História da previdência no Brasil. **Politize!**, 20 dez. 2018. Disponível em: <https://www.politize.com.br/historia-da-previdencia-no-brasil/>. Acesso em: 7 jul. 2021.

VEDAR. In: **Dicio**: Dicionário Online de Português. Disponível em: <https://www.dicio.com.br/vedar/>. Acesso em: 7 jul. 2021.

WAGNER, J. Sócio ou investidor? **JaimeWagner**, 26 set. 2018. Disponível em: <http://jaimewagner.com.br/2018/09/26/socio-ou-investidor/>. Acesso em: 7 jul. 2021.

bibliografia comentada

EKER, T. H. **Os segredos da mente milionária**: aprenda a enriquecer mudando seus conceitos sobre o dinheiro e adotando os hábitos das pessoas bem-sucedidas. Tradução de Pedro Jorgensen Jr. São Paulo: Sextante, 2006.

Ao longo deste livro, abordamos inúmeros detalhes e especificidades sobre os investimentos. Entre a extensa bibliografia que há sobre o tema, destacamos a obra de T. Harv Eker, ideal para o leitor que está iniciando na área.

BELTRÃO, K. I. et al. **Análise da estrutura da previdência privada brasileira**: evolução do aparato legal. Rio de Janeiro, set. 2004. Texto para discussão n. 1.043. Disponível em: <http://repositorio.ipea.gov.br/bitstream/11058/2205/1/TD_1043.pdf>. Acesso em: 7 jul. 2021.

Esse texto elaborado por Beltrão, Leme, Medonça e Sugahara trata do complexo Sistema Previdenciário Brasileiro e suas constantes mudanças, fornecendo um amplo panorama sobre o tema.

BACCI, A. L. F. da S. **Introdução aos fundos de investimento imobiliário.** Brasília: æ ex libris, 2018.

Esse livro de André Bacci apresenta uma linguagem simples, direta e acessível, simplificando o estudo dos fundos de investimento imobiliário.

HORVARTH JÚNIOR, M. **Lei previdenciária comentada.** São Paulo: Quartier Latin, 2005.

A previdência social é um sistema de suma importância para o ordenamento jurídico brasileiro e para a população em geral. Sobre o tema, recomendamos a leitura da obra de Horvarth Júnior, que comenta a legislação previdenciária brasileira.

AMARO, F. **Reforma previdenciária comentada.** Salvador: Juspodivm, 2019.

Essa obra auxilia na compreensão da reforma previdenciária que entrou em vigor em 2019 e gerou inúmeras polêmicas.

sobre as autoras

Nathalia Ellen Silva Bezerra é mestranda no Programa de Pós-Graduação em Administração da Universidade Federal de Campina Grande (UFCG) e graduada em Direito pela Universidade Estadual da Paraíba (UEPB). Tem experiência técnico-profissional na área de direito do trabalho e previdenciário. Atuou como conciliadora e, atualmente, é advogada, buscando colocar em prática e valorizar os meios alternativos de solução de conflitos.

Milena Barbosa de Melo é doutora em Direito Internacional pela Universidade de Coimbra, mestre e especialista em Direito Comunitário pela mesma instituição e graduada em Direito pela Universidade Estadual da Paraíba (UEPB). Atualmente, é professora universitária. Como jurista, atua principalmente nas seguintes áreas: direito internacional público e privado, jurisdição internacional, direito empresarial, direito do desenvolvimento, direito da propriedade intelectual e direito digital.

Impressão:
Julho/2021